VLM

Soll »Gnadau« in der Kirche bleiben?

Gemeinschaftsbewegung und Evangelische Kirche

Was ist unser Auftrag?

Verlag der
Liebenzeller Mission
Lahr

Die Deutsche Bibliothek – CIP-Einheitsaufnahme

Hempelmann, Heinzpeter:
Soll »Gnadau« in der Kirche bleiben? – Gemeinschaftsbewegung und evangelische Kirche – was ist unser Auftrag? / Heinzpeter Hempelmann. – Bad Liebenzell – Verl. der Liebenzeller Mission, 1998
(TELOS-Bücher ; 1371 : TELOS-Paperback)
ISBN 3-88002-661-0

TELOS-Bücher
TELOS-Paperback 71371

Umschlaggestaltung: Helmut Sigle, Schömberg
Satz: EDV-LM, Bad Liebenzell
Herstellung: St.-Johannis-Druckerei, 77922 Lahr
Printed in Germany
13332/1998

Inhalt

Vorwort

Über Kirche schlecht sprechen ist leicht. Manchem genügen wenige Worte oder eine entsprechende Geste, und dann ist die Distanz erklärt. Wer für die Kirche sprechen will, hat es schwerer. Er wird mit Substanz argumentieren müssen. Er muß Aufrichtigkeit bewahren und bereit sein, die Lage zu sehen, wie sie ist. Er wird Liebe brauchen im Ton. Und er muß geduldig sein wie ein Maulesel.

Mit der vorliegenden Schrift will der Verfasser noch einmal versuchen zu verbinden, was zusammengehört: Ein Satz, den besonnene Geister seit Jahrzehnten bemühen, ist: »Der Pietismus braucht die Kirche und die Kirche braucht den Pietismus.« Die Frage ist nur, ob die in den Jahren entstandenen theologischen und gesellschaftlichen Bruchstellen noch zusammenzufügen sind? Klar ist: es geht dem Verfasser nicht darum, einer Evangelischen Kirche heutiger Gestalt Tadellosigkeit abzuzwingen. Es geht auch nicht darum, die Innerkirchlichkeit Gnadaus als heilige Kuh zu beschreiben. Und es wird schon gar nicht geleugnet, daß die Gemeinde Jesu Christi in jeder Gestalt immer nur eine »arme Magd mit Flekken und Runzeln« gewesen ist. Mögen Kritiker dies anerkennen. Ich wünsche diesem Buch, daß es bewahrt bleibt vor jenen, die den Kopf stets so lange schütteln bis endlich ein Haar in die Suppe gefallen ist ... Und mögen sich jene ermutigt sehen, die an einer weiteren Parzellierung der Evangelischen keinen Gefallen haben, wohl aber an jener gesunden (!) Einheit, um die Jesus seinen Vater so herzlich gebeten hat (Joh 17, 20-26).

Hanspeter Wolfsberger

Die Zahl derer, die danach fragen, ob ihre Evangelische Landeskirche noch evangelische, evangeliumsgemäße Kirche ist, steigt. Kann man, darf man weiter in »der Kirche« bleiben?

Freilich, was wäre die Alternative? Noch eine weitere Freikirche? Wo bliebe das evangelische Erbe? Hat es nicht immer schon, vielleicht früher sogar mehr Schwierigkeiten des Pietismus in der Kirche und mit der Kirche gegeben? In dieser Lage braucht es ein geistliches und nüchternes Abwägen, ja Ringen um den richtigen, wenn möglich gemeinsamen Weg.

Die nachfolgenden Überlegungen wollen eine Entscheidungshilfe sein. Was sind die Gründe, die für einen Verbleib der Gemeinschaftsbewegung in der Kirche sprechen? Und: unter welchen Bedingungen ist ein solcher Verbleib allein verantwortbar, ja möglich?

Einleitung: Koordinaten

Wie sieht die Zukunft der Gemeinschaftsbewegung aus? Gemäß traditionellem Selbstverständnis als Ergänzung und Teil der evangelischen Landeskirchen präzisieren wir: *Wie sieht die Zukunft der Gemeinschaftsbewegung in der Kirche der Zukunft aus?*

Was die Zukunft der Gemeinschaftsbewegung ist, ob es sie in Zukunft überhaupt geben wird, ja selbst, was die Zukunft der evangelischen Landeskirchen ist und ob es auch sie in näherer oder fernerer Zukunft noch geben wird und wenn ja, in welcher Gestalt, – das können wir zwar nicht wissen. Das freilich dürfen wir wissen, daß die Pforten der Hölle die Gemeinde Jesu Christi auch in Zukunft nicht überwinden sollen (Mt 16,18). Diese Zusage Jesu gibt uns inmitten mancher sehr bedrängender Herausforderungen überhaupt erst den Atem und den Freiraum, nach der Zukunft der Kirche zu fragen. Und das ist die *erste* Koordinate, von der wir ausgehen können. Jesus, der Herr seiner Gemeinde, will und garantiert die Zukunft seiner Gemeinde. Das zu sagen, heißt sofort zu fragen: Welche Gestalt von Gemeinde will *Er*? Ob die Gemeinschaftsbewegung Zukunft hat als Teil der zukünftigen Kirche Jesu Christi hängt also genau davon ab, daß sie fragt, welchen Auftrag der Herr der Gemeinde unter den gegebenen Bedingungen für sie hat. Diese Frage stellen wir freilich nicht abstrakt, im geschichtsleeren Raum.

Und damit sind wir schon bei der *zweiten* Koordinate, die uns bei aller Unsicherheit Orientierung geben kann. Wir fangen nicht bei Null an; *es gibt* bereits eine Geschichte der Gemeinschaftsbewegung. Der Herr der Gemeinde ist mit uns schon eine Strecke Wegs gegangen, die uns zwar nicht festlegt, aber mindestens positioniert. Sie läßt Platzanweisungen erkennen, die sich als segensreich erwiesen haben.

Und damit bin ich bei der *dritten* Koordinate. Diese – wie es so schön heißt – »Platzanweisung« war und ist bis zur Stunde eine Platzanweisung der Gemeinschaftsbewegung innerhalb der evangelischen Kirche. Man kann über die Zukunft der Gemeinschaftsbewegung nicht nachdenken, ohne über ihr Verhältnis zu den Landeskirchen, zur Volkskirche nachzudenken, – ganz gleich, ob sich dieses auch in Zukunft positiv oder negativ gestalten wird, ob Gnadau also weiter innerhalb der evangelischen Kirche verbleiben oder sich von ihr trennen und dann notwendigerweise ein neues Selbstverständnis gewinnen wird.

Wir fragen in einem ersten, kürzeren Teil (I) nach der Vergangenheit der Gemeinschaftsbewegung. Wie hat sie sich verstanden im Gegenüber zur evangelischen Kirche? Wir fragen dann weiter (II), wo wir heute stehen und welche Faktoren das Verhältnis der Gemeinschaftsbewegung zur evangelischen Kirche denn gegenwärtig bestimmen. Und wir fragen von da aus schließlich (III): Unter welchen Bedingungen hat Gemeinschaftsbewegung denn Zukunft; Zukunft als Teil der Kirche Jesu Christi? Unter welchen Bedingungen hat sie Zukunft als Teil der ja ebenfalls geschichtlichen und nicht zeitlosen Strukturen evangelischen Volkskirchentums? Hat sie *so* Anteil an der Kirche der Zukunft?

I. Vergangenheit: Innerkirchliche Ergänzungsfunktion

A. Wurzeln: Reformation, Pietismus, Erweckungsbewegung

Wer seine gegenwärtige, noch mehr aber seine zukünftige Identität bestimmen will, kann von der eigenen Vergangenheit nicht abstrahieren, sondern muß die eigenen Geschichte wahrnehmen.[1]

[1] Zur Orientierung vgl. neben den Standardwerken von Paul FLEISCH: Die moderne Gemeinschaftsbewegung in Deutschland, Bd.I-II,2 Leipzig 1912, 1914 und Hannover 1957; Hans von SAUBERZWEIG: Er der Meister, wir die Brüder. Geschichte der Gnadauer Gemeinschaftsbewegung 1888-1958, Offenbach a.M. 1959; Dieter LANGE: Eine Bewegung bricht sich Bahn. Die deutschen Gemeinschaften im ausgehenden 19. und beginnenden 20. Jahrhundert und ihre Stellung zu Kirche, Theologie und Pfingstbewegung, Gießen - Dillenburg 1979, und den kirchengeschichtlichen Beiträgen in: Du, Herr, hast uns gerufen. 100 Jahre Gnadauer Gemeinschaftswerk, hg. vom EVANGELISCHEN GNADAUER GEMEINSCHAFTSWERK IN DER DDR, Berlin 1988, die Sammlungen: Die Gemeinschaftsbewegung in Deutschland 1887-1914. Quellen zu ihrer Geschichte, hg. von Jörg OHLEMACHER, Gütersloh 1977; Besinnung und Wegweisung. Gnadauer Dokumente II. Ausgewählte Aufsätze und Vorträge, hg. von Kurt HEIMBUCHER und Theo SCHNEIDER, Gießen/ Basel – Dillenburg 1988, sowie: Dem Auftrag verpflichtet. Die Gnadauer Gemeinschaftsbewegung. Prägungen, Positionen, Perspektiven, hg. von Kurt HEIMBUCHER, Gießen/ Basel - Dillenburg 1988, schließlich Ernst GIESE: Und flicken die Netze. Dokumente zur Erweckungsgeschichte des 20. Jahrhunderts mit einer Einordnung in die Kirchengeschichte, von Ernst Benz, Marburg (Selbstverlag) 1976 und der Entgegnung von Ulrich MEYER: Entgegnung zum Buch von Ernst Giese »Und flicken die Netze« Hamburg (Selbstverlag) 1982. Einen kurzen Überblick vermitteln Werner PASCHKO: Art. Gemeinschaftsbewegung, in EGL, 200-204; Jörg OHLEMACHER: Art. Gemeinschaftsbewegung, in: ELThG Bd.II, 727-730. An wissenschaftlichen Darstellungen sind (u.a.) zu nennen: Pietismus und Neuzeit, Bd.15, Die Gemeinschaftsbewegung, Göttingen 1989, hg. von Martin BRECHT (u.a.); Jörg OHLEMACHER: Das Reich Gottes in Deutschland bauen. Ein Beitrag zur Vorgeschichte und Theologie der deutschen Gemeinschaftsbewegung, Göttingen 1986.

Die im Evangelischen Gnadauer Gemeinschaftsverband organisierte Gemeinschaftsbewegung hat mehrere, bis heute wirksame geschichtliche Wurzeln. Da sind zunächst die theologischen Anliegen der *Reformation* zu nennen. Von zentraler Bedeutung sind nicht nur *sola scriptura* als Formalprinzip und *sola gratia, solus Christus* und *sola fide*, also die Rechtfertigung des Sünders allein aus Gnade durch den Glauben an Jesus Christus als Materialprinzip reformatorischer Theologie; da ist ebenso das vorherrschende Motiv der schon Martin Luther bestimmenden Frage nach *Heilsgewißheit* wie der Anspruch, die dritte Weise des Gottesdienstes nach Luthers »Deutsche Messe und Ordnung des Gottesdienstes« zu realisieren und in den Volkskirchen die zu sammeln, »die mit Ernst Christen sein wollen«, und da ist die von Luther ebenda ebenfalls geforderte öffentliche »Reizung« zum Glauben in Form von evangelistischen Veranstaltungen.[2]

Mit diesen reformatorischen Anliegen verbindet sich in weiten Teilen Deutschlands die Aufnahme *altpietistischen Erbes*, die zur Kennzeichnung der Gemeinschaftsbewegung als »Neupietismus« führt.

Last but not least sind die Einflüsse der zum großen Teil in ihren Wurzeln und in ihrer Ausprägung angelsächsisch bestimmten *Erweckungsbewegung* des 18. und 19. Jahrhunderts zu nennen. Ein Teil dieser Erweckungsbewegung organisiert sich freikirchlich (Baptismus, Darbysmus, Methodismus, Freie evgl. Gemeinden u.a.); ein anderer, größerer Teil versteht sich bewußt als innerkirchliche Erneuerungsbewegung mit den drei Anliegen 1. Gemeinschaftspflege, 2. Evangelisation und 3. Liebeswerke (Diakonie; innere Mission).

[2] Vgl. Martin LUTHERs Vorrede zur Deutschen Messe, vor allem WA 19, 75, 3-10,16-23.

B. Selbstverständnis: »Landeskirchliche Gemeinschaft«

Joachim Drechsel hat in seiner Monographie über »Das Gemeindeverständnis in der Deutschen Gemeinschaftsbewegung«[3] gezeigt, daß die sich in der inzwischen eingebürgerten, in der Sache programmatischen Selbstqualifikation als »Landeskirchliche Gemeinschaft«[4] dokumentierende Innerkirchlichkeit Gnadaus ein sich zwar kontinuierlich durchhaltendes, gleichwohl nicht unumstrittenes Kennzeichen der Gemeinschaftsbewegung ist. Wer sich mit ihm nicht identifizieren konnte, hat – wie etwa Friedrich Heitmüller, Leiter der Christlichen Gemeinschaft am Holstenwall und des Diakonissen-Mutterhauses, beide »Elim« genannt, 1934, – die Gemeinschaftsbewegung verlassen und sich einer Freikirche angeschlossen bzw. eine eigene freie Gemeinde gegründet. Dieser Prozeß hält bis heute an. Trotz der Wahrnehmung der geistlichen Defizite der Volkskirchen oder gerade wegen dieser will man Reich Gottes in der Volkskirche bauen (Eduard von Pückler) und weiß man um das Aufeinandergewiesensein von Volkskirche und Gemeinschaftsbewegung. Die traditionelle Verhältnisbestimmung faßt sich seit 1930 in der sog. Christlieb'schen, freilich nicht für Theodor Christlieb selber nachweisbaren Formel zusammen: »In der Kirche, wenn möglich mit der Kirche, aber nicht unter der Kirche«.[5] Ohne für die Mißstände in protestantischer Theologie und Kirche blind zu sein, steht also der Gemeinschaftsbewegung ihre innerkirchliche Platzanweisung fest. Diese beinhaltet eine dreifache *Ergänzungs*funktion. Gerade da, wo man Defizite »der Kirche« wahrnimmt, setzt man mit Gemeinschaftspflege, diakonischen Einrichtungen und erwecklicher Verkündigung ergänzende Akzente.

[3] Gießen/Basel 1984.

[4] Ebd., 203.

[5] Vgl. dazu ebd., 114f.

II. Gegenwart: Die Krise des traditionellen Selbstverständnisses

A. Ergänzender, partiell stellvertretender und alternativ stellvertretender Dienst: Die drei gegenwärtig anerkannten Gemeinschaftsmodelle Gnadaus

Die Gegenwart ist dadurch gekennzeichnet, daß es im Raum Gnadaus *den* Konsens über das Selbstverständnis der Gemeinschaftsbewegung, näherhin über die Frage nach *dem* Verhältnis von landeskirchlicher Gemeinschaft und evangelischer Kirchengemeinde nicht mehr gibt. Am deutlichsten dokumentiert sich dieser Sachverhalt in der Erklärung »So gehen wir weiter«[6], die die Gnadauer Mitgliederversammlung Anfang dieses Jahres anläßlich des hundertjährigen Bestehens des Evangelischen Gnadauer Gemeinschaftsverbandes verabschiedet hat. In diesem Papier findet sich nicht mehr nur *eine* Arbeits- und Organisationsform beschrieben. Es werden vielmehr gleich *drei* Modelle anerkannt:[7]

- 1. Gemeinschaften mit dem Selbstverständnis eines ergänzenden, sprich die Landeskirche ergänzenden Dienstes; hierbei handelt es sich um das traditionelle Selbstverständnis.

- Daneben gibt es als Modell 2. Gemeinschaften, die einen »partiell stellvertretenden Dienst« wahrnehmen, etwa da und dort, wo Prediger in landeskirchlichem Auftrag Sakramente spenden und Amtshandlungen durchführen.

- Schließlich gibt es 3. den »alternativ stellvertretenden Dienst«.

[6] Dillenburg 1997.

[7] Vgl. den Präses-Bericht 1996 von Christoph MORGNER: Unsere Gemeinschaften zwischen Gestern und Morgen. Platz, Aufgaben, Formen, Perspektiven, Dillenburg o.J. (1996), 22-35.

Durch Vereinbarungen zwischen Gemeinschaftsverbänden und Landeskirchen erhalten örtliche Gemeinschaften den Status einer selbständigen Gemeinde incl. aller entsprechender Lebensäußerungen.

B. Gemeinschaften als freie Gemeinden: »Modell 4«?

Mit diesen drei Modellen soll ein breiter Spielraum von Organisations- und Arbeitsformen eröffnet werden. Andererseits ist nicht zu übersehen, daß die Wirklichkeit vor Ort, die doch eigentlich mit diesen drei Konzeptionen gestaltet werden soll, faktisch die Theorie vielfach schon überholt hat. Es gibt eine ganze Reihe von Gemeinschaften vor allem unter den selbständigen, lebendigen, die nicht nur den Status einer Gemeinschaft als evangelischer Gemeinde (innerhalb der Landeskirche) wollen, sondern unverhohlen den Status einer freien Gemeinde anstreben. Dieses – inoffiziell »Modell 4« – genannte Konzept entspricht dem neuen, gewachsenen ekklesiologischen Selbst- und Sendungsbewußtsein vieler lebendiger Gemeinschaften, widerspricht aber dem die Gemeinschaftsbewegung bisher prägenden Konsens und sprengt die innerkirchliche Funktionsvorgabe. Aus diesem Grunde muß tatsächlich offen bleiben, ob es sich bei diesem Selbstverständnis als »freie Gemeinde« wirklich um ein weiteres »Modell« handelt.

Worin nun liegt diese signifikante Veränderung im Selbstverständnis Gnadaus begründet? Was sind die Gründe für die Diffundierung des Profils? Ich möchte drei Hinweise geben, die die gegenwärtige Lage beschreiben und so auch Ansätze liefern können für eine Skizze eines möglichen zukünftigen Weges der Gemeinschaftsbewegung:

1. Das innerkirchliche Ergänzungsmodell als Opfer seines Erfolges;

2. unterschiedliche Einschätzungen der Kirchenfrage innerhalb

der Gemeinschaftsverbände wie der einzelnen Gemeinschaften;

3. Pluralismus als kirchenleitendes Integrationskonzept und die fehlende Integrierbarkeit neupietistischer Positionen.

1. Das innerkirchliche Ergänzungsmodell als Opfer seines Erfolges

Um es paradox auszudrücken: Das innerkirchliche Ergänzungsmodell eines bewußt innerkirchlich operierenden Neupietismus ist Opfer seines eigenen Erfolges geworden. Aus dem Bewußtsein der Mitverantwortung für die evangelische Kirche ist es in den letzten drei Jahrzehnten auf nahezu allen Ebenen und Feldern zum Aufbau von sog. Parallelstrukturen gekommen. Sie waren und sind so erfolgreich, daß sie nicht nur die vorhandenen, oft als einseitig und korrekturbedürftig empfundenen kirchlichen Einrichtungen ergänzen, sondern auch an ihre Stelle treten können und vielfach getreten sind. Nicht zuletzt hat auch der von Fritz Laubach programmatisch so bezeichnete und dem innerkirchlichen Pietismus neue Anstöße vermittelnde »Aufbruch der Evangelikalen«[8] zu einem steigenden Selbstbewußtsein, einem höheren Verantwortungsbewußtsein und zu einer Bereitschaft geführt, die eigenen Interessen und Erkenntnisse zu organisieren und ihnen eine entsprechende soziale wie wirtschaftliche, eben auch ekklesiale Gestalt zu geben. »Die Stillen im Lande«, – das ist die Konsequenz, die manchen geradezu Angst einflößt und die evangelikal-neupietistische Bewegung als Bedrohung wahrnehmen läßt, – die Stillen im Lande sind nicht mehr, sie bleiben nicht mehr still. Sie organisieren sich, und sie artikulieren sich. Gerade da, wo man sich also erfolgreich nicht als Freikirche oder freikirchliches Werk, sondern innerkirchlich als Ergänzung zu kirchlichen Einrichtungen und Trends organisiert, kommt es zu den Verselbständigungen, die genau diese ursprüngliche Ergänzungs-

[8] Wuppertal 1972.

struktur und das entsprechende Selbstverständnis in Frage stellen.

Mentale Faktoren verstärken den Trend.[9] Die *postmoderne Institutionenmüdigkeit* macht weder vor den großen Kirchen noch vor den kleinen Gemeinschaften halt. Wozu noch diese Großinstitutionen, wenn meine kleine Gruppe – scheinbar – autark ist, aus sich heraus bestehen kann und mir alles bietet, was ich brauche? Warum noch Anbindung an eine evangelische Kirche? Wozu gar Dienst an dieser anonymen Größe? So fragen auch die, die ihre Abwehr »der evangelischen Kirche« nicht theologisch munitionieren und motivieren.

Neben die postmoderne Institutionenmüdigkeit tritt ein *postmoderner Individualismus* gerade unter denen, die etwas bewegen wollen, sich aber – womöglich nach mancherlei vergeblichen Bemühungen, sich mit ihrem Willen zum Engagement einzubringen, – enttäuscht von den unbeweglichen und ggf. als ungeistlich empfundenen Strukturen »der Kirche« abwenden und in mehr oder minder selbständigen ekklesialen Größen – warum nicht in selbstgegründeten freien Gemeinden? – ihren Glauben gestalten und missionarische Ausstrahlungskraft geben möchten. Der bloße Hinweis und die Bitte, sie möchten doch bitte auf die evangelische Großinstitution Rücksicht nehmen und sich »in die Kirche« einordnen, verfängt hier nicht mehr. Ich meine: zu Recht! Denn eine solche Einbindung und Rückbindung muß aufgeklärten und mündigen Christen begründet werden. Die bloße Zumutung reicht hier nicht, zumal das Reden von »der Kirche« – als wenn die evangelische Landeskirche und ihre Parochien denn die einzige legitime und denkbare Gestalt von Kirche wären – nicht einer ärgerlichen und schon lange als falsch durchschauten Exklusivität entbehrt.[10]

[9] Vgl. zur Analyse: Heinzpeter HEMPELMANN: Nachchristliche Lebenswirklichkeit als Horizont der Verkündigung des Evangeliums: in: DERS.: Glauben wir alle an denselben Gott? Christlicher Glaube in einer nachchristlichen Gesellschaft, Wuppertal/ Zürich 1997, (11-30) vor allem 12ff.

[10] Dies ist im Zusammenhang der Diskussion um neue Gemeinden zu bedenken,

2. Unterschiedliche Einschätzungen der Kirchenfrage innerhalb der Gemeinschaftsverbände wie der einzelnen Gemeinschaften

Innerhalb der Gemeinschaftsbewegung gibt es die unterschiedlichsten Positionen in der Kirchenfrage. Die Spannweite der Haltungen zur Kirche reicht dabei von

> »Wir stehen treu, wenn auch nicht unkritisch zur Kirche«, bis zu

> »Wir verstehen uns im Prinzip als eine Freikirche (von der Herkunft her) und/oder wollen faktisch eine Freikirche in der Evangelischen Kirche sein oder – warum nicht – auch unabhängig von ihr.«

Innerhalb Deutschlands gibt es ein Nord-Süd- und ein Ost-West-Gefälle hinsichtlich der Intensität, mit der die Distanz bzw. Treue zur Landeskirche betont wird. Viele Gemeinschaften z.B. in Berlin und im Osten Deutschlands, wie teilweise auch in Nordelbien haben quasi den Status von selbständigen Kirchengemeinden. Sie sind faktisch Personalgemeinden, die von den jeweiligen Kirchenleitungen anerkannt sind. In Süddeutschland, vor allem aber in großen Teilen der bayerischen Landeskirche versteht man sich dagegen weithin noch strikt im Sinne einer Ergänzung der Kirche durch die eigene Gemeinschaft. Würden in Bayern viele Gemeinschaftsleute auch heute noch eher ihrer Gemeinschaft den Rücken kehren, als aus der Kirche austreten, wissen Mitglieder anderer pietistischer Werke freilich oft kaum noch, daß sie nicht den Status einer Freikirche, eines freikirchlichen Werkes haben, sondern Teil der evangelischen Kirche sind.

Als Resümee bleibt, daß das über lange Jahrzehnte hinweg geltende grundsätzliche Ja zum Weg *in*, wenn möglich *mit*, aber *nicht unter* der evangelischen Kirche innerhalb von »Gesamt-Gnadau«

die nicht einfach schon deshalb illegitim sind, weil es ja »die Kirche« gibt (vgl. Heinzpeter HEMPELMANN: Gemeindegründung. Perspektive für eine Kirche von morgen? Gießen/ Basel 1996, bes. 35ff).

nicht mehr konsensfähig ist, daß aber auch umgekehrt keine Einigkeit über einen gemeinsamen Weg in eine Gnadauer Freikirche hinein erzielt werden kann.

Einigkeit über die zukünftige Verhältnisbestimmung zu den verfaßten evangelischen Landeskirchen herrscht aber noch nicht einmal innerhalb der einzelnen Verbände. Es gibt Gemeinschaftsverbände, die sich faktisch schon in einen »kirchentreuen« und einen freikirchlichen Flügel geteilt haben (Siegerländer GV) oder aber an solchen Fraktionierungen zu zerbrechen drohen (EG). Ein gemeinsamer Weg läßt sich darüber hinaus aber auch deshalb nur schwer finden, weil

- die Gemeinschaften innerhalb der einzelnen Verbände selbst ein sehr unterschiedliches Gesicht, eine sehr unterschiedliche Prägung und Geschichte haben; die einen sind mehr traditionalistisch orientiert, die anderen verdanken sich neueren geistlichen Aufbrüchen und sind darum in Organisations- und Gestaltungsfragen oft flexibler, weil direkt missionarisch ausgerichtet;

- weil es Gemeinschaften gibt, deren Mitglieder nahezu ausschließlich der evangelischen Kirche angehören, während andere, vor allem neuere und missionarisch orientierte Gründungen immer öfter auch Gemeindeglieder haben, die nicht zur evangelischen Kirche gehören und ihr auch nicht (noch nicht?) beitreten wollen. Sie sind entweder von »der Kirche« enttäuscht, oder aber sie sehen nicht ein, warum sie zusätzlich noch in die evangelische Kirche eintreten sollen, wenn sie ihre Gemeinschaft faktisch als vollgültige geistliche Heimat, als Gemeinde im Vollsinn, erfahren, mit der evangelischen Kirche aber – im besten Falle – nichts anfangen können. Die erwecklich-missionarische Aufgabe der Gemeinschaftsbewegung wird hier auf Grund der Erfahrung der Bekehrung von Menschen, die nicht zur evangelischen Kirche gehören, nicht auf die immer kleiner werdende Zahl der Kirchenmitglieder beschränkt, sondern auch für die ständig steigende Zahl der Konfessionslosen (inzwischen ca. 1/3 der Gesamtbevölkerung) wahrgenommen.

Es muß nachdenklich stimmen, daß es gerade geistliche Aufbrüche und missionarische Früchte sind, die das traditionelle und feststehende Bild einer landeskirchlichen Gemeinschaft in Frage stellen und an vielen Orten bereits verändert haben.

Unter den gegebenen Umständen stehen nicht nur Kirchenleitungen, sondern auch Inspektoren und Leitungen der Gemeinschaftsverbände vor kaum lösbaren Integrationsaufgaben. Es ist durchaus vorstellbar, daß einzelne Gemeinschaften, die sich mit dem Kurs ihres Verbandes nicht anfreunden können, den Weg in eine Freikirche (freie Gemeindegründung) wählen oder aber umgekehrt ihrer sich freikirchlich orientierenden Gemeinschaft den Rücken kehren.

Ein weiterer, innerpietistischer Grund für die Diffundierung des Profils der traditionellen Gemeinschaft kommt hinzu. Innerhalb der Gemeinschaftsverbände wie auch innerhalb der einzelnen Gemeinschaften gibt es weithin auch eine *generationenspezifische* Haltung zur Kirchenfrage. Während die Älteren noch vielfach treu »zur Kirche stehen« und diese traditionelle Position Gnadaus auch nicht in Frage stellen, versteht sich diese Kirchenbindung für die mittlere und jüngere Generation nicht mehr von selbst. Sie wird gerade von denen, die geistig und geistlich wach sind und um die Mißstände in der Volkskirche wissen, zunehmend mehr in Frage gestellt und problematisiert. Die überkommene Haltung der Gnadauer Leitung besitzt für sie ein Legitimationsdefizit.

Der auf der Seite der Älteren vorherrschenden oft unkritischen, weil nicht mehr überprüften Nähe zur Kirche entspricht auf der Seite der Jungen und Jüngeren vielfach eine Geschichtsvergessenheit, der die geschichtliche Platzanweisung Gnadaus im Raum der evangelischen Landeskirchen nicht bewußt ist. Diese Geschichtsvergessenheit ist verbunden mit einem ebenso unreflektierten postmodernen Individualismus, der eben auch in religiösen Fragen eigene Wege geht, wenn diese denn die naheliegendsten oder gar bequemsten zu sein scheinen. Eine Bereitschaft, um Weg und Gestalt der evangelischen Kirche zu ringen, ist gerade in dieser jungen und aktiven Generation kaum noch vorhanden; die Sicht für eine solche Notwendigkeit ist kaum noch zu vermitteln.

Beide Einstellungen, Geschichtsvergessenheit wie postmoderner Individualismus, verbünden sich mit einem missionarischen Wollen, das ganz *pragmatisch* danach fragt, wie man möglichst ungehindert und ohne Reibungsverluste durch die Bindung an landeskirchliche Institutionen und Regelungen denn am besten evangelisieren und missionarisch-erweckliche Arbeit tun kann.

Von der jüngeren Generation wird sowohl das hergebrachte Verständnis im Sinn einer *Ergänzung* der kirchlichen Angebote durch das Leben in der Gemeinschaft wie aber auch die Notwendigkeit eines Verbleibs in der evangelischen Kirche um so mehr in Frage gestellt,

- je mehr die Gemeinschaft als Gemeinde selbst vollgültige geistliche Heimat ist und als solche erlebt wird und je mehr umgekehrt die Entfremdung zur »eigenen« Kirchengemeinde und dem Pfarrer wächst, der womöglich durch seine Verkündigung befremdet;

- je weniger man darum einzusehen vermag, warum man außer »der Stund« etc. noch einen Gottesdienst besuchen soll, mit dem man ohnehin nichts oder nur wenig anzufangen weiß,

- je mehr also im Bewußtsein der nachwachsenden Generation die eigene Gemeinschaft zur Gemeinde wird, die Gemeinschaft also nicht mehr Ergänzung, sondern vollgültiger Ersatz ist – ziemlich gleichgültig, ob innerhalb der verfaßten Kirche oder unabhängig von ihr.

Es ist in der Tat immer schwerer zu vermitteln, warum ein

bewußtseinsmäßig zweites und dazu oft auch qualitativ sekundäres kirchliches Angebot noch wahrgenommen werden soll, wenn man im Leben der eigenen Gemeinschaft geistlich »auf seine Kosten kommt«. Es ist darüber hinaus ebenso schwer zu vermitteln, warum man zwar in allen alltäglichen und vielen wichtigen gemeindlichen Fragen dem eigenen Prediger Vertrauen schenken darf, wenn es aber um die Taufe des eigenen Kindes geht, einen Pfarrer aufsuchen soll, zu dem man sonst den Kontakt nicht pflegt, nicht braucht und – vielleicht – auch nicht wünscht. In der Praxis wird diese Regelung vielfach nicht mehr verstanden, und viele Familien, die sich den »vollen geistlichen Service« von ihrer Gemeinschaft/Gemeinde wünschen, spielen mit dem Gedanken eines Übertritts in eine »richtige (Frei-)Kirche« oder haben diesen bereits realisiert.

Durch die Verschiebung, die im Selbstverständnis der Gemeinschaften weg von der *Ergänzung* hin zur *Substitution* (zum Ersatz) in der jüngeren Generation weithin Platz gegriffen hat, kommen die Gemeinschaftsverbände zusätzlich unter Druck, sich der Entwicklung hin zu einem selbständigen Status zu öffnen. Daß sich in den Reihen von Gemeinschaftsgemeinden immer mehr Menschen finden, die wohl der Gemeinschaft angehören (wollen), aber nicht der evangelischen Kirche, erzeugt einen zusätzlichen Schub hin zu einer ekklesiologischen Verselbständigung.

3. Pluralismus als kirchenleitendes Integrationskonzept und die fehlende Integrierbarkeit neupietistischer Positionen[11]

Geändert und ausdifferenziert hat sich nicht nur die Gemeinschaftsbewegung, die ohnehin nie die eine einheitliche Gestalt gehabt hat und die zudem heute selbstverständlich an den gesell-

[11] Vgl. zum Folgenden meine zusammenfassende Darstellung: Einheit durch Vielfalt? Wahrheitspluralismus als Integrationskonzept für eine Kirche in der Postmoderne? In: ThBeitr 27.Jg. (1996), 197-213 und die dort genannte wie aufgearbeitete Literatur!

schaftlichen Individualisierungstendenzen der Postmoderne teilhat. Geändert und ausdifferenziert hat sich vielmehr auch die Situation der evangelischen Kirche. Geändert hat sich auch das – wie ich behaupten möchte – nicht mehr theologische, sondern im Grunde philosophische Programm, mit dem viele Kirchenleitungen versuchen, der immer unübersichtlicher, komplizierter und diffuser werdenden Lage Herr zu werden.

Die evangelischen Landeskirchen erleben in den letzten zwanzig Jahren sowohl eine Erosion an ihren Rändern wie einen Exodus von Mitgliedern aus ihrer Mitte. Die einen treten aus, weil die Kirche ihnen nicht genug Identität bietet; die anderen verlassen die Kirche, weil sie ihnen noch ein Zuviel an Identität zumutet. Die einen verlassen die Kirche, weil sie nicht mehr auf dem Boden von Schrift und Bekenntnis steht; die anderen kehren ihr den Rücken, weil sie das Festhalten an »verstaubten« Dogmen und überholten Konventionen nicht (mehr) nachvollziehen können. Aus dem geschilderten Dilemma – das muß man der Fairneß halber sagen – gibt es kein Entrinnen. Wer die Gestalt der Kirche mehr profilieren will, wird ihren Charakter als »Volkskirche« schwächen, in der sich möglichst viele Menschen mit ihren Einstellungen und Erwartungen wiederfinden sollen. Wer den umgekehrten Weg einschlägt und sie progammatisch als »Spiegel des Volkes«/der Bevölkerung begreift, wird die verprellen, die mehr Identität, Verbindlichkeit und Orientierung suchen.

Evangelische Kirchenleitungen haben sich weithin entschlossen für einen ekklesiologischen Pluralismus entschieden, um den extremen Integrationsaufgaben, vor denen die Gestalt einer Volkskirche in der Postmoderne steht, zu genügen. Die das Profil und die Eindeutigkeit infragestellende Vielzahl auch einander widerstreitender, ja selbst kontradiktorischer Glaubensüberzeugungen und Verhaltensweisen soll programmatisch als »Reichtum« der Gaben begriffen werden, der der Kirche durch den Heiligen Geist geschenkt ist. Man scheut die Distinktionen und vereinnahmt schon die »treuen Kirchenfernen« oder »Christen in Halbdistanz« als Glieder der Gemeinde Jesu. Ein kirchenleitend praktizierter

Pluralismus sucht nicht das evangelische Profil inmitten der Vielfalt einander oft widerstreitender Positionen, sondern erklärt flugs just diese Widersprüche zum Profil: Profil der Vielfalt.[12] Volkskirche ist dann nicht mehr Kirche für das Volk, sondern kritikloser Spiegel der Einstellungen im Volk, die sich natürlich auch in der Kirche alle widerspiegeln können müssen. Alles andere wäre ja – so die neue Allzweckwaffe gegen jede Behauptung einer evangelischen Position – »Diskriminierung«. Um es paradox und ein bißchen bissig zu formulieren: Als unchristlich gilt heute eigentlich nur noch die Unterscheidung von Christen und Nichtchristen.

Kirchenleitungen scheuen heute vielfach auf allen Ebenen vor theologischen Auseinandersetzungen zurück, die die – bloß unterstellte – Einheit in Frage stellen könnten. Kirche wird so immer weniger inhaltlich-theologisch, dafür immer mehr funktional im Sinne einer Weltanschauungsgemeinschaft begriffen, die die religiöse Grundversorgung ihrer Mitglieder als Gegenleistung für deren Kirchensteueraufkommen übernimmt, sich ansonsten unaufdringlich, d.h. ohne Forderungen zu formulieren, im Hintergrund hält, lediglich in den Übergangszeiten des Lebens (Geburt, Fruchtbarwerden als Mann/Frau; Eheschließung und Tod) einen Fachmann für die Passageriten zur Verfügung stellt.

Die nahezu schranken- und bedenkenlos gehandhabte *Taufpraxis* ist Ausdruck eines solchen Versorgungs- und Anspruchsdenkens, dem die Volkskirche nachkommt und durch das sie ihren Mitgliedern gegenüber ihre Existenzberechtigung ausweist. Diese problematische Tauf*praxis* wird dann noch theologisch legitimiert durch den Begriff von Taufe als Ausdruck der *gratia praeveniens* (vorauslaufende Gnade) des seine Gnade bedingungslos schenkenden Gottes. *Ergebnis* ist ein Verständnis des für die evangelische Kirche schlechthin grundlegenden Artikels von der Rechtfertigung des Gottlosen nicht im Sinne einer Rechtfertigung *al-*

[12] Vgl. das Strategie- und Programmpapier der BADISCHEN LANDESKIRCHE: Profil der Vielfalt. Zu Theorie und Praxis der Volkskirche, Karlsruhe 1992.

lein aus Glauben, sondern im Sinne einer Rechtfertigung *ohne Glauben* (Rechtfertigung nicht *sola*, sondern *sine fide*). Auch der »Glaube« darf dann eine solche Bedingung für das Heil nicht sein. Erweckliche (evangelistische/missionarische) Ausrichtung muß darum problematisch erscheinen, wo sie neutestamentlich völlig sachgerecht den persönlichen Glauben an Jesus Christus als heilsnotwendige Bedingung für das Heil zur Geltung bringt.

Wo sich Kirche programmatisch zum »Profil der Vielfalt« bekennt, da wird nicht Profillosigkeit, sondern evangelisches Profil ausgegrenzt. Im Rahmen dieser Vielfalt haben zwar neben Öko-Gruppen, Umwelt-Gruppen, HuK- (Homosexuelle und Kirche) und LuK- (Lesben und Kirche) Initiativen, Charismatikern und Friedensgruppen auch die Pietisten und Neuevangelikalen Platz. Voraussetzung ist freilich, daß sie sich in diesen Rahmen des »Profils der Vielfalt« schicken und den kirchenleitenden Pluralismus als *Integrations*konzept für alle nicht in Frage stellen. Der (Neu-) Pietismus ist incl. seiner erwecklich-missionarischen Aktivitäten willkommen, so lange er Mitglieder bindet bzw. wirbt, das Kirchensteueraufkommen stabilisiert und in der Kirche konstruktiv neben anderen Gruppen mitarbeitet. Die Toleranz und der »Pluralismus« sind jedoch dort schnell zu Ende und sachlich am Ende, wo der Pietismus diesen Pluralismus einander ausschließender, weil widersprechender Lehrauffassungen und ethischen Einstellungen in Frage stellt und damit den Zusammenhalt der Volkskirche und den mühsam errungenen »Burgfrieden« gefährdet.

Eine missionarische Arbeit, die auf Vereindeutigung der Inhalte des christlichen Glaubens drängt, das postmoderne »anything goes!« als Leitsatz problematisiert und Kindertaufe nur dann für verantwortbar hält, wenn dem Zuspruch der bedingungslosen Gnade Gottes durch die Taufe als Säugling eine Verkündigung korrespondiert, die das Ja des von Gott erweckten Menschen als heilsnotwendig erwartet,[13] stellt für das geschilderte volks-

[13]»Die Taufe von Kindern legt der Kirche die Pflicht auf, der Einladung zur Umkehr und zum Glauben in ihrer Verkündigung einen hohen Stellenwert zu

kirchliche Konzept nicht nur einen Fremd-, sondern auch einen potentiellen Sprengkörper dar.

Jeder Ruf zum Glauben wird in diesem volkskirchlichen Zusammenhang nahezu zwangsläufig als synergistische »Werkerei« (Glaubens*forderung*) und jedes Programm eines Gemeindebaus nahezu notwendig als elitäres Unternehmen einiger weniger, die sich »für etwas Besonderes halten«, abgetan und kritisiert (werden).

Faktisch bleibt pietistischen Gruppen zur Zeit nur die Alternative,

- sich entweder dem Konzept eines Pluralismus verschiedenster religiöser, ethischer und theologischer Wahrheiten zu fügen, das allerdings in schärfstem Gegensatz zu der eigenen Überzeugung von Jesus Christus als der *einen* verbindlichen Wahrheit steht,

- oder aber das geschilderte Pluralismus-Programm als solches in Frage zu stellen, sich damit freilich zwangsläufig an den Rand der Volkskirche gestellt oder gar jenseits dessen positioniert zu sehen, was eigentlich evangelisch ist: Gott rechtfertigt ja alles, und unchristlich (s.o.) verhält sich ja eigentlich nur der, der zwischen christlich und unchristlich unterscheiden will. Wer hier eindeutig werden will, gebärdet sich sektiererisch (»fundamentalistisch«) etc.[14]

geben. Wo die Taufe nicht zur Annahme des Geschenks im Glauben führt, wird die Gnade Gottes ausgeschlagen.« »Also hat Gott die Welt geliebt, daß er seinen eingeborenen Sohn gab, damit alle, die an ihn glauben, nicht verloren werden, sondern das ewige Leben haben« (Joh 3,16). Nur die, die an ihn glauben, werden errettet. (Theo Sorg: »Nicht ihr habt mich erwählt ...« Zur volkskirchlichen Taufpraxis, Stuttgart o.J.)

[14] Vgl. meine Analyse des Dilemmas in: Streiten für den Streit um die Wahrheit? – Wenn Toleranz zum Maßstab wird, in: HEMPELMANN: Glauben wir alle an denselben Gott? (s. Anm. 9), (52-74) bes. 58-62.

Die Nicht-Integrierbarkeit der pietistischen Position belegt die Brüchigkeit und fehlende Stimmigkeit des Pluralismuskonzeptes. Daß pietistische Gruppen und Kreise immer wieder erfahren müssen, daß sie entweder stigmatisiert oder ausgegrenzt werden, zeigt freilich, daß der kirchenleitend gerühmte Pluralismus eben die Funktion faktisch nicht wahrnehmen kann, die ihm die z.Zt. leitende und vorherrschende ekklesiologische Theorie aufgetragen hat: Er versagt bei der Integration der Theorieansätze, die ihn – doch nicht ohne Grund – in Frage stellen.

Es wird vor diesem Hintergrund verständlich, warum sich (neu)pietistische Kreise, evangelikale und charismatische Aufbrüche entweder in den evangelischen Kirchen einigeln und Nischen suchen, die ihnen noch ein Leben in der Landeskirche ermöglichen, oder aber vermehrt den alternativen Weg gehen und ihr Christsein ohne Diffamierung, Anfeindung und Hindernisse in selbst gegründeten und nach den Kriterien des Neuen Testamentes gestalteten Gemeinden zu leben suchen.

Der Trend zu »Modell 4« und d.h. der Wunsch, sich nicht nur im Rahmen der evangelischen Kirche zu verselbständigen, sondern ihr ganz den Abschied zu geben, hat in den entsprechenden Erfahrungen ein starkes Motiv.

Als weiterer Faktor ist der Bewußtseinswandel an der kirchlichen Basis zu nennen.

Der dogmatische wie ethische Substanzverlust in weiten Teilen evangelischer (akademischer) Theologie und Kirche sowie die Ausbreitung und offizielle Anerkennung bzw. – als dessen Vorstufe – Duldung von Häresien beginnt sich in weiten Teilen pietistischer und nicht-pietistischer, konservativ-volkskirchlicher Kreise erst jetzt herumzusprechen.

Viele Gemeindeglieder entdecken schockartig, daß die von ihnen als selbstverständlich für gültig gehaltenen christlichen Grundüberzeugungen von ihrem Pfarrer und manchmal auch von der

Kirchenleitung nicht geteilt, vielmehr als naiv und überholt abqualifiziert werden.

Die offen vorgetragene Kritik (eines Teils) der feministischen Bewegung an der Kreuzestheologie als Ausdruck eines blutrünstigen, patriarchalen Rachegottes, das programmatische, den christologischen Kern des christlichen Gottesglaubens berührende Selbstverständnis feministischer Theologie als Kritik des Kreuzes, die öffentlichkeitswirksame Baalisierung bzw. Astartisierung des christlichen Gottesglaubens über die liturgische Anrede Gottes als Mutter bzw. Göttin, die Forderung nach Gleichstellung und Segnung homosexueller Lebensgemeinschaften wie auch die Unsicherheit, mit der akademische Theologen der Destruktion der neutestamentlichen Osterbotschaft begegnen, lassen weit über den Pietismus hinaus viele evangelische Christen danach fragen, ob diese Kirche überhaupt noch Kirche ist und ob diese Kirche darum noch ihre Kirche sein kann. Vielen Christen wird klar, daß die genannten Phänomene Symptome einer tiefersitzenden Krise, einer Fäulnis im ekklesiologischen Fundament der evangelischen Kirche sind.

C. Zusammenfassung

Ich fasse die Überlegungen zu Teil II »Gegenwart« zusammen:

1. Nicht nur die Volkskirche(n), sondern auch Gnadau, der Gesamtverband, die einzelnen Verbände wie z.T. auch die Gemeinschaften stehen vor gewaltigen Orientierungs- und Integrationsaufgaben – oder deutlich gesprochen: vor Zerreißproben. Die entscheidende Frage lautet für Gnadau, ob ein gemeinsamer Weg gefunden werden kann, mit dem sich auch die nachwachsenden, zukunftstragenden Generationen identifizieren können.

2. Im Mittelpunkt der Diskussionen stehen die Fragen: Brauchen wir die evangelische(n) Kirchen(n) für die Gemeinschafts-

bewegung in Zukunft noch? Inwieweit sind wir nicht selber Kirche; können wir nicht selber Kirche sein? Und inwieweit ist die evangelische Kirche überhaupt noch Kirche? Diese Fragen sind vor allem an der Basis lebendig, ja oft brennend.

3. Für den dritten Teil stehen wir damit in der Sache vor der Aufgabe, auf zwei Fragen Antworten zu finden: (I) Gibt es zwingende, einleuchtende *Gründe* für einen Verbleib der Gemeinschaftsbewegung in der evangelischen Kirche? Und (II): Unter welchen *Bedingungen* ist eine solche weitere Weggemeinschaft vor allem im Hinblick auf das Drängen hin zu immer weitergehender Verselbständigung realisierbar?

III. Zukunft: Gnadau muß Kirche in der (evangelischen) Kirche werden

A. Die Notwendigkeit einer doppelten Strategie

Zukunftsträchtig erscheint mir vor dem Hintergrund der geschilderten Sachverhalte allein die folgende doppelte Strategie zu sein:

1. Nach innen, in den Raum der Gemeinschaftsbewegung hinein, ist dafür zu kämpfen und zu begründen, warum die Gemeinschaftsbewegung bis auf weiteres Teil der Evangelischen Kirche bleiben sollte.

2. Nach außen, gegenüber den Kirchenleitungen, ist zu verdeutlichen, unter welchen Bedingungen der Verbleib Gnadaus in den evangelischen Landeskirchen *allein mit Aussicht auf Erfolg* vertreten und gegangen werden kann und was an Entgegenkommen und Flexibilität der Kirchenleitungen notwendig ist, wenn sie diese Kirchenglieder aus theologisch guten Gründen und aus sachlich sekundären, wie etwa pekuniären, Motiven nicht verlieren wollen.

B. Die Notwendigkeit rückhaltloser Offenheit

Wenn das Votum für den Verbleib Gnadaus oder aber mindestens wesentlicher Teile der Gemeinschaftsbewegung in der evangelischen Kirche Aussicht auf Erfolg haben soll,

- muß von Seiten derer, die für diesen Verbleib eintreten, alles vermieden werden, was nach bloßer Beschwichtigungstaktik »riecht«, was als Schönrederei aufgefaßt werden könnte oder was den Anschein eines bequemen Ausweichens und einer faulen Kompromißbereitschaft erweckt;

- müssen umgekehrt starke Gründe für das Verbleiben in dieser Volkskirche offeriert werden – trotz realitätsnaher und ungeschminkter Analyse ihres Zustands – oder besser noch: *wegen* der Umstände, die diese Analyse ans Licht bringt! Wir wollen nicht trotz, sondern wegen des volkskirchlichen Charakters dieser »Kirche« in den evangelischen Landeskirchen verbleiben und in ihnen aktiv mitarbeiten.[15]

C. Sieben gute Gründe für einen weiteren Verbleib der Gemeinschaftsbewegung in der evangelischen Kirche

Wir bleiben als Gemeinschaftsbewegung in der evangelischen Kirche,

1. ... weil wir die unüberbietbaren, immensen missionarischen Möglichkeiten weiterhin nutzen wollen, die das Mit-Leben in den evangelischen Landeskirchen erschließt.

Die parochiale Organisation der flächendeckenden religiösen Institution Evangelische Kirche bietet denen, die sich in ihr engagieren wollen, immer noch unübertroffene missionarische Möglichkeiten. Bei aller öffentlichen oder vielleicht auch nur veröffentlichten Kritik an den Großinstitutionen Kirche genießt »die Kirche« und besitzt »die Kirche« immer noch ein relativ – vergli-

[15] Wer die Schilderungen der Not liest, die die Väter der heutigen Gemeinschaftsbewegung zu ihrer Zeit mit »ihrer« Kirche hatten, dem relativiert sich die Bedeutung, die die Schwierigkeiten als Austrittsgrund haben kann. Es wird vielmehr deutlich, daß gerade diese Not, die man mit der geistlich-theologischen Verfassung der evangelischen Landeskirchen hat, in der Regel Anlaß zum Engagement in ihr war, weniger Anlaß zum Austritt. Daß auf vergleichbare Herausforderungen so unterschiedlich reagiert wird, zeigt, daß auch Christen Kinder ihrer Zeit sind, und läßt vermuten, daß auch die Austrittswilligkeit nicht primär in der qualitativ größeren Not der Kirchen begründet ist, sondern einerseits in einem postmodernen Individualismus und andererseits in einem Verlust der Bindewirkung und Monopolstellung der evangelischen Kirchen als der Kirche.

chen mit anderen gesellschaftlichen Institutionen – hohes Vertrauenspotential; kommen ihr die Menschen gerade heute (!) mit weitgespannten und hohen Orientierungserwartungen entgegen; gibt es darum gerade in der Gegenwart für solche, die sich als evangelische Christen in die Mitte dieser dem Anspruch nach *evangelischen* Volks*kirche* hineinstellen, vielfältige und einem Freikirchler eben nicht offenstehende missionarische Gelegenheiten und Möglichkeiten.

Es gilt, den propagierten Pluralismus dadurch beim Wort zu nehmen und zugleich zu sprengen, daß das allen Wahrheitspluralismus in Frage stellende Evangelium von der einen und einzigen Wahrheit in Jesus Christus ungeniert und offensiv im pluralistischen Kontext so bezeugt wird, daß es seine kritische Kraft gegen alle Selbstbehauptung des Menschen entfalten kann.

Die finanziellen Engpässe, in die unsere Kirchen durch sinkende Kirchensteuereinnahmen hineinkommen, sind nicht nur Not. Es kommt darauf an, daß wir die Verheißungen und Möglichkeiten entdecken, die sich durch die neue Lage erschließen und völlig unverhofft vor uns stehen. Bis zum Jahr 1999 sollen allein in der Badischen Landeskirche insgesamt 100 Pfarrstellen wegfallen. Für die Württembergische wie für andere Landeskirchen gelten vergleichbare Zahlen. Der badische Oberkirchenrat Klaus Baschang schlägt nun vor, »pietistische Gemeinschaften« könnten »ihre Gemeinschaftsstunde einmal pro Monat als öffentlichen Gottesdienst am Sonntagvormittag in der Kirche abhalten. Aufgrund einer Vereinbarung der Landeskirche mit den Gemeinschaftsverbänden könnten deren Prediger mit den Rechten des landeskirchlichen Predigtamtes betraut werden.«[16]

Hier steht die Gemeinschaftsbewegung vor volksmissionarischen Aufgaben und Möglichkeiten ersten Ranges. Die trocken so genannte Ausdünnung der Pastorationsdichte ist vor Ort als große, vor allem geistliche und seelsorgerliche Not erfahrbar. Es gibt

[16] idea-Spektrum 28/1997, S. 10.

Beispiele, die zeigen, wie die Säkularisierung in einem Ort fortschreitet, in dem die Kirche verwaist und das Pfarrhaus leersteht.

Der Direktor der Liebenzeller Mission, Hanspeter Wolfsberger, hat vor den Vertretern von Gemeinschaften und dem Oberkirchenrat der Württembergischen Landeskirche einen denkwürdigen Vorschlag gemacht: Könnten die Gemeinschaftsverbände der Kirchenleitung nicht anbieten, Pfarrämter oder – was ähnlich gravierend und schlimm ist – Pfarrvikariate bevorzugt in solchen Orten zu schließen, in denen Gemeinschaften besonders stark sind und in der Lage wären, Funktionen der Kirchengemeinde zu versehen? Wenn sich Gemeinschaftsverbände und Kirchenleitungen hier aufeinander zu bewegen, profitieren letztlich beide Seiten: nicht nur die Landeskirche, der ein wenig ihre Not abgenommen würde, sondern auch die Gemeinschaften, die durch die Übernahme kirchlicher Mitverantwortung neu herausgefordert und im Endeffekt auch gefördert würden.

2. ... weil (!), nicht obwohl wir die theologischen und geistlichen Defizite der Volkskirche sehen und die Anfechtung der Verunsicherten als Herausforderung begreifen, in der Mitte evangelischer Kirche christlichen Glauben durch unser Lebens- und Wortzeugnis neu zu profilieren.

Wir bleiben in der Kirche, nicht obwohl, sondern weil wir um die große geistliche Not und den theologischen Notstand in der evangelischen Kirche wissen; weil (!) wir die in der Volkskirche durch die Volkskirche Angefochtenen und an ihr (Ver-)Zweifelnden mit ihrer Not nicht allein lassen wollen, sondern in der Volkskirche um die Gestalt der Kirche Jesu Christi kämpfen und in der Volkskirche der Kirche Jesu Christi eine sichtbare Gestalt und ein wahrnehmbares Profil geben wollen.

Wenn sich die evangelische Kirche vielfach nur noch formal über die Bindung an Bibel und Bekenntnisschriften definiert, de facto diese Instanzen aber weithin ihre kritische und verbindende, auch ausgrenzende Kraft eingebüßt haben,[17] dann stellt sich für viele Christen, denen die Evidenz ihres konventionell gelebten und für wahr gehaltenen Glaubens zerbricht, die Frage,

- was christlicher Glaube überhaupt ist, was das spezifisch Christliche ist, was denn inmitten aller kritischen Anfragen und versuchter Destruktionen Bestand hat und verläßlich ist,

- ob sie in dieser evangelischen Kirche noch bleiben können, die sie immer weniger als Kirche im theologischen Vollsinn des Wortes anerkennen können,

- oder ob ihnen nur der Weg in eine der vielen (auch lutherischen!) Freikirchen bleibt, die freilich im öffentlichen Bewußtsein als obskur gelten und oft nicht von Sekten unterschieden werden.

Der Gemeinschaftsbewegung kommt über den Kreis ihrer Mitglieder hinaus auch eine Verantwortung für diese traditionell volkskirchlichen, ihren Glauben nicht in (neu-)pietistischen oder charismatisch-pfingstlerischen Frömmigkeitsformen lebenden Christen zu. Können wir ihnen eine Heimat geben?

3. ... weil dies die heils- bzw. kirchengeschichtliche Platz- und Funktionsanweisung Gottes für uns ist.

Wer nach dem weiteren Weg Gnadaus fragt und das Verhältnis der Gemeinschaftsbewegung zu den verfaßten Landeskirchen neu zu bestimmen sucht, der fängt nicht bei Null an und bewegt sich nicht im ereignis- oder geschichtsleeren Raum.

Wir nehmen die Wegführungen Gottes in der Vergangenheit nur ernst und »wahr«, wenn sie für uns Ausgangspunkt für alles wei-

[17] Vgl. zur Illustration: Ulrich LUZ (Hg.): Zankapfel Bibel. Eine Bibel – viele Zugänge, Zürich 2. Aufl. 1993, 7ff.

tere Fragen sind. Das legt den weiteren Weg nicht fest, markiert aber sehr wohl einen festen Ausgangspunkt für alle weiteren Wege.

Wo Gnadauer Gemeinschaften, Verbände und Werke den Weg in die Freikirche gehen, werden sie zu einer bloßen Doppelung vorhandener Strukturen, werden sie darum vielerorts funktions- und in geistlicher und kirchengeschichtlicher Hinsicht bedeutungslos.

4. ... weil wir uns als Dienstgemeinschaft innerhalb der Volkskirche und für die evangelische Kirche verstehen.

Gemeinde Jesu Christi besitzt Dienstcharakter. Sie lebt nicht für sich selbst und um ihrer selbst willen. Sie ist Kirche nur als »Kirche für andere«, so die bekannte, freilich von D. Bonhoeffer in etwas anderer Hinsicht geprägte Formel. Für sie gilt auch und gerade in Form der Gemeinschaftsbewegung: »Wer sein Leben erretten« – sprich: sich selbst verwirklichen, sich selbst bewahren – »will, der wird es verlieren; wer aber sein Leben verliert um meinetwillen und um des Evangeliums willen, der wird es erhalten« (Mk 8,35).[18]

Dienstgemeinschaft innerhalb der Volkskirche – d.h.: *nicht unter der Kirche*, unter dem Regiment eines volkskirchlichen, alles einebnenden Pluralismus, *auch nicht mit der Kirche* als bloß *eine* Strömung, die kritik- und reibungslos neben anderen dahinfließt,

[18]»Die Gruppe, die in der Kirche Ereignis wird, steht in der Versuchung, sich von der Kirchenorganisation zu trennen, und unter der Aufgabe, der Kirchenorganisation zu dienen. Dieser Versuchung zu widerstehen und diese Aufgabe wahrzunehmen, ist entscheidend für sie. Denn Kirche ist nie Selbstzweck; das Ereignis der Kirche will nicht ein paar Inseln der Seligen, ein paar Ghettos der Gerechten schaffen, sondern Strahlungskerne, die ihre Umgebung verändern mit ihren Erkenntnissen, Erfahrungen und Aktionen. Das nächste Umfeld aber für die Kirche ist die Kirchenorganisation mit ihren Massen von Namenschristen, ihren toten und halbtoten Gemeinden, ihrer Amtsroutine, ihren kultischen und theologischen Konventionen.« (Helmut GOLLWITZER: Was ist Kirche? Thesen zur Diskussion (1974), in: Wilhelm HÜFFMEIER (Hg.): Modell Volkskirche. Kritik und Perspektiven, Bielefeld 1995, (83-90) 88).

sondern in der Kirche und um der Kirche willen – wo es nötig ist – wider sie wollen wir Kirche in der Volkskirche sein. Das ist der Dienst, den die Gemeinschaften der Volkskirche tun können. So sehr wir die Freikirchen schätzen und ein Ja zu ihrem ihnen aufgetragenen Weg haben, so sehr halten wir es für falsch, wenn aus der Gemeinschaftsbewegung eine weitere neben den bereits bestehenden Freikirchen entstehen würde, da nur der landeskirchliche Pietismus kritisches Ferment (»Sauerteig«) in der Volkskirche sein kann.

5. ... weil eine weitere Zersplitterung des Leibes Christi im Widerspruch steht zum universalen Anspruch christlicher Wahrheit und sich in Gegensatz setzt zur Weisung Jesu, gemäß der sich die Glaubwürdigkeit der Wahrheit des Evangeliums gerade in der Einheit seiner Gemeinde dokumentiert.

Wir wollen einer weiteren Zersplitterung des Leibes Christi wehren. Je mehr christliche Gruppierungen und Splittergruppen es gibt, um so mehr leidet die Glaubwürdigkeit des *einen* Evangeliums von der durch die *eine* Rettungstat des Einen *erlösten einen* Kirche. Je mehr die Gründung von Gemeinden und ganzen (Frei-)Kirchen ins Belieben einzelner gestellt zu sein scheint, um so mehr scheint auch unserem säkularen Umfeld das Evangelium selbst eine ins Belieben des einzelnen gestellte Heilslehre zu sein; um so mehr scheint ja auch christliche Wahrheit als der letzte und absolute Horizont nur in postmoderne Beliebigkeit zu entlassen und also das kirchengründende Evangelium selbst einem postmodernen Individualismus unterworfen zu sein. Nach den Worten des Herrn der Kirche ist die Einheit der Kirche ja gerade Zeichen, Grund und Kriterium für die Glaubwürdigkeit des Evangeliums von Jesus Christus (»... auf daß die Welt erkenne, daß du mich gesandt hast« Joh 17,23).

Wir sind außerdem nach wie vor der Auffassung, daß die Gestalt einer Großkirche oder eines durch eine Bekenntnisgrundlage verbundenen Kirchenbundes dem Öffentlichkeitsanspruch des Evangeliums als Wahrheit, die allen gilt und für alle verbindlich ist,[19] eher entspricht als die „Winkelmesse“ eines Hauskreises bzw. einer Hausgemeinde.

6. ... weil wir nicht dem Eindruck Vorschub leisten wollen, auch die Gestalten der Gemeinde Jesu Christi seien nur ein Ausdruck eines postmodernen Individualismus und postmoderner Beliebigkeit.

Freie Gemeinde- und Kirchengründungen sind nicht notwendig, aber immer wieder auch ein Ausdruck eines postmodernen Individualismus, der den Weg des geringsten Widerstands geht, notwendigen – um seiner selbst wie der anderen willen notwendigen! – Konflikten ausweicht, oft sich selbst und eine bestimmte Lehre bzw. Gemeindekonzeption zur Macht bringen will, dabei aber die unvermeidbaren Auseinandersetzungen um den Weg der Gemeinde Jesu Christi nicht vermeidet, sondern nur auf eine andere Ebene verschiebt (vgl. etwa den Weg von W. Kopfermann und seiner, inzwischen in drei Fraktionen gespaltenen Anskar-Kirche).

Spezifisch christlich ist gerade nicht der Rückzug in die kleine, fromme, – ich sage es böse – „Wohlfühlgruppe“ Gleichgesinnter, sondern der Blick für das Ganze des Reiches Gottes, der bereit ist, im Rahmen eigener Möglichkeiten auch Verantwortung für die »oikoumene« wahrzunehmen. So sehr es einem weitverbreiteten pietistischen Selbstverständnis entgegenkommt, sich als »die Stillen im Lande« reibungslos als religiöse Subkultur neben und unter anderen zu begreifen, so sehr ist daran zu erinnern, daß der Herr der Kirche Nachfolge seiner Jünger als Licht-in-der-Welt-sein und als Salz-der-Erde-sein beschreibt (Mt 5,13-14). Was aber

[19]Lesslie Newbigin spricht vom Evangelium als public truth. Wenn es universale Wahrheit ist, die für alle gilt, braucht seine Verkündigung und Repräsentation auch eine entsprechende Gestalt (L. NEWBIGIN: Truth to Tell. The Gospel as Public Truth, Grand Rapids 1991).

liegt für engagierte Nachfolger näher, als dieses Salz-sein zunächst in dem Raum zu realisieren, in dem wir uns durch eine heils- bzw. kirchengeschichtliche Ortsanweisung gestellt sehen? Der Rekurs auf die Haltung Jesu und der Apostel, die mit ihrer Evangeliumsverkündigung im Raum der Synagoge beginnen und nicht – bis hin zum Heidenapostel Paulus! – einfach neue Gemeinden gründen, hat in der Gemeinschaftsbewegung im Anschluß an Spener eine lange Tradition von Jonathan Paul über Th. Haarbeck bis hin zu Michaelis.[20]

Wo sich ein postmoderner Individualismus in Form von ekklesialen Verselbständigungen äußert, da drohen schließlich auch unkontrollierbare, weil nicht mehr in ein größeres Ganzes ein- und rückgebundene Entwicklungen, in denen sich ein religiöses Individuum in Form von häretischen Sonderüberzeugungen oder auch institutionell durch eine bestimmte Hierarchie zur Macht zu bringen sucht.

7. ... weil neu gegründete Gemeinden nicht die Probleme überwinden, um derentwillen sie oft etabliert worden sind.

Wie die Entwicklungen in Freikirchen zeigen, werden auch sie von den Problemen eingeholt, um deren Vermeidung willen sie vielfach gerade gegründet wurden. Es dauert oft nur eine, maximal zwei Generationen, bis auch Freikirchen und freie Gemeindegründungen mit Pluralisierungstendenzen, dem Erlöschen der »ersten Liebe«, nachlassendem missionarischen und diakonischen Feuer und Eindeutigkeitsverlusten zu ringen haben – vielfach in einer Qualität, die den Bestand einer solchen Gründung in Frage stellt, gefährdet und/oder gar zu Spaltungen führt.

Damit ist nicht das Recht der Existenz von sogenannten freien Gemeindegründungen bestritten, wohl aber als Illusion behaup-

[20] Vgl. den Überblick bei DRECHSEL: Gemeindeverständnis (s. Anm. 3), 105f.

tet, daß man durch das Verlassen der Volkskirche und die Gründung selbständiger ekklesialer Strukturen den Problemen eben dieser Volkskirche auf Dauer ausweichen kann. Ich sage es recht selbstbewußt: Boomende Freikirchen sind eher selten. Und wo wir nach Vorbildern suchen, finden wir diese auch in unseren eigenen Reihen.

Ecclesia semper reformanda est (die Kirche muß immer reformiert werden) heißt unter diesen Umständen doch wohl mindestens beides: die Etablierung neuer Gestalten von Kirche wie auch das Ringen um die Reformation bestehender.

D. In der Kirche bleiben! – aber unter welchen Voraussetzungen?

Wer sich für einen Verbleib des landeskirchlichen Pietismus in den evangelischen Landeskirchen einsetzt, muß zukunftsträchtige Rahmenbedingungen angeben, unter denen allein ein solcher Konnex sinnvoll ist, eine dem Anliegen der Gemeinschaftsbewegung entsprechende Gestalt erhält und darum auch in der Gemeinschaftsbewegung durchgesetzt werden kann.

Den Kirchenleitungen muß weit mehr als bisher verdeutlicht werden, daß viele Verbandsleitungen mit dem Rücken zur Wand stehen. Wenn es nicht gelingt, im Gespräch mit den Kirchenleitungen die nötigen Gestaltungsspielräume für eine eigenständige Organisation zu erreichen, die den Wünschen der selbständiger und selbstbewußter gewordenen jüngeren Generation Rechnung trägt, dann könnten sich die Verbandsleitungen sehr schnell in der Situation von »Königen ohne Land« sehen. Es droht für die Gemeinschaften ein offener oder versteckter Bruch, der einige jetzt schon vor eine Zerreißprobe stellt. Eine Verabschiedung gerade der engagierten, erwecklich-missionarisch ausgerichteten und nach einem evangelischen Profil fragenden jungen Menschen aus den verfaßten evangelischen Kirchen kann aber doch auch nicht im Interesse der Kirchenleitungen sein.

Wir formulieren darum nicht Bedingungen, die aus einer Position der Stärke heraus gefordert werden, sondern stehen vor Rahmenbedingungen für ein weiteres Miteinander von Gemeinschaftsbewegung und Evangelischer Kirche, die die Lage vorgibt, wenn man so will: diktiert.

In dieser Lage sind alle gefordert – zuerst und zunächst die Verbände.

Voraussetzung I:
Wir gewinnen Mut zum Profil durch Positionsbestimmung und notwendige Abgrenzungen.

Sie müssen den Mut haben, zentrifugalen Tendenzen zu widerstehen, in denen sich der Machtwille einzelner oder ein ganz unfrommes Selbstbestimmungsbedürfnis ohne Rücksicht auf das große Ganze unverantwortlich durchzusetzen sucht. Sie müssen den Mut haben, einem evangelischen Gemeinschaftsverband dadurch Profil zu geben, daß sie auch bereit sind zu Definitionen und d.h. Grenzziehungen dessen, was eine Gemeinschaft ist und was nicht. Profil und die nötige wie mögliche Attraktivität bekommt die Gnadauer Bewegung erst dort wieder, wo man auch bereit ist zu Abgrenzungen gegenüber dem, was eben keine Gemeinschaft im Sinne des evangelischen Gnadauer Gemeinschaftsverbandes, seiner Geschichte, seiner Aufgabenzuweisung und seiner Identität ist. Sie müssen den Mut haben,

1. einem scheinbar frommen, in Wahrheit aber zeitgeistigen und egoistischen Streben nach Macht und Selbstbestimmung zu widerstehen und dieses in die Schranken zu weisen. Solche Tendenzen im frommen Gewand sind als das zu identifizieren, was sie sind: religiöser Wille zur Macht;

2. die Konsequenzen des eingeschlagenen Weges in die Freikirche deutlich zu machen, an dessen Ende ja nicht nur das »Heraus aus der Kirche« steht, sondern auch die nächste, weil

nächstliegende Frage: Wozu braucht eine selbständige Gemeinschaft denn eigentlich noch einen Verband? An dessen Ende nicht nur die Kritik an »der Kirche« steht, sondern auch die Frage: Wozu brauchen wir als Hauskreis eigentlich noch die Gemeinschaft, den Jugendkreis und den EC?

Voraussetzung II:
Wir benennen die Gefahren eines Sonderweges, der zu einer Atomisierung des Leibes Christi und zu einem bloß scheinbar frommen Sektierertum führt.

3. Wir machen deutlich, wie eine immer weitergehende Atomisierung der Gemeinde Jesu nicht nur haargenau dem postmodernen, individualistischen Zeitgeist entspricht, sondern auch konsequent zu Sektierertum führt. Zugegeben, es gibt Notsituationen, in denen nichts anderes als eine Trennung übrigbleibt; in denen man auch aus Verantwortung gegenüber der eigenen Familie, vor allem den Kindern, eine neue geistliche und gemeindliche Orientierung suchen muß und sucht.

   Aber wie oft ist der Weg weg von Großzusammenhängen, für deren Ablehnung die Argumente bald gefunden sind, im Grunde der Weg hin zur *Selbst*-Bestimmung und zur Machtausübung eines religiösen Subjektes, das nur selber das Sagen haben, bestimmen will? Und wie nahe liegt da und dann die erneute Spaltung und Trennung, wenn einem der Kurs nicht paßt? Nicht nur komisch, sondern eigentlich ausgesprochen traurig ist folgende Geschichte: Eine Gemeinde spaltet sich so lange, bis am Schluß ein Ehepaar übrigbleibt. Freilich ist auch dies noch nicht das Ende. Schließlich und endlich schließt die Ehefrau ihren Ehemann aus und repräsentiert nun alleine die heilige Restgemeinde.

   Was hier – als Beispiel aus dem Bereich der Brüderbewegung – grotesk wirkt, ist freilich die reale »Karriere« mancher Gemeindegründungen, die sich von Großzusammenhängen separieren: von der Landeskirche absondern, dann womöglich vom Verband, den es ja eigentlich »auch nicht braucht«, um Gemeinde nach dem Neuen Testament zu sein, schließlich von der Gemeinschaft, wenn denn gilt: Wo zwei oder drei versammelt sind ... Die Schilderung dieser Dynamik ist nicht böswillig, sondern nur realistisch. Wer aus einer Gemeinschaft von Menschen aussteigt, weil sie ihm nicht paßt oder nicht heilig genug ist, der wird sich letztlich und endlich mit sich allein vorfinden. Das zeigt die Kirchengeschichte, die hier die Aufgabe einer Erfahrungswissenschaft besitzt, die aus leidvollen Erfahrungen zu Weisheit führen will.

Wieder: Wenn es nicht so traurig wäre, wäre es nur lustig, was in idea vor kurzem zu lesen war als Begründung für die Distanz einer neugegründeten Gemeinde von allen kirchlichen oder freikirchlichen Einbindungen! Die Bibel, so der Gemeindeleiter, sei doch Richtschnur genug. Durch eine solche, ungeheuer fromm und attraktiv klingende Begründung wird die betreffende Gemeinschaft nicht an die Bibel, sondern an die spezielle Auslegung des einen ausgeliefert, der seine Auslegung der Bibel als »die Sicht der Bibel« allen anderen zur Auflage machen kann. Was als Abwehr aller bloß menschlichen Bindungen und Kontrollen benannt wird, führt konsequent in eine immer weitergehende Atomisierung der Gemeinschaften und in organisatorisches wie lehrmäßiges Sektierertum hinein. Was Abwehr aller bloß menschlichen Kontrollen heißt, ist in der Sache der Freiraum für den, der sich und seine Sicht der Dinge nun ungehindert durchsetzen kann. Und hier sind wir doch als biblisch-reformatorische Christen nüchtern genug, um die Gefahren auch des „frommen Fleisches“ zu kennen. Was Abwehr menschlicher Einbindungen heißt, ist in der Sache nichts anderes als religiöser, biblisch gesprochen: fleischlicher Wille zur Macht.

Auch wenn das nach Spielverderberei klingt – und die ist ja nie lustig, sondern immer ärgerlich, – so kommt es im Reich Gottes ja ärgerlicherweise genau darauf an, dem frommen Ich das Spiel zu verderben, das sich ja genauso gerne durchsetzen und zur Geltung bringen möchte wie das unfromme.

Ein oder zwei sollen reden; die anderen sollen antworten und Stellung nehmen (1 Kor 14,29; vgl. 1 Thess 5,20). Das ist die biblische Weisung. Wir brauchen einander, die Korrektur durch den anderen; wir brauchen sogar die Schwachen, also die, die wir am wenigsten zu brauchen meinen, »brauchen können« (vgl. 1 Kor 12,22.25). Wir brauchen die, die unbequem sind und uns hinterfragen.

Noch einmal: Wenn wir nur mit denen Gemeinschaft haben wollen, die so eingestellt sind wie wir, dann werden wir uns letzten Endes, manchmal sehr schnell, nur noch in Gesellschaft unserer selbst vorfinden. Aber kann die wahre Gemeinde Jesu wirklich *so* klein sein?

Voraussetzung III:
Wir nehmen die von Gott gebotene Mitverantwortung für das Ganze wahr und geben egoistischem Konventikeltum den Abschied.

- Dazu entlarven wir die scheinbar fromme Institutionen-Kritik als eine Form der Selbstgenügsamkeit und umgekehrt der Preisgabe der Verantwortung für das größere Ganze.

- Wir müssen darauf hinweisen, daß ein Ausklinken aus dem Großsystem Volkskirche gerade nicht missionarisch ist, sondern eine Preisgabe von Verantwortung ist und deutlich macht, daß man eben nicht mehr bereit ist, hier missionarische Verantwortung zu übernehmen.

- Demgegenüber wollen und müssen wir neu das Bewußtsein wecken für die größeren Zusammenhänge, in denen wir stehen: sowohl im Hinblick auf die Vergangenheit (in welche Spur hat Gott uns hineingestellt?), im Blick auf die Zukunft (Was will Gott für sein Reich? Welche Rolle spielt hier die Gemeinschaftsbewegung? Was hat sie für eine Aufgabe im Rahmen der Kirche?), wie auch im Hinblick auf die Gegenwart: Können wir so tun, als geschähe unsere Arbeit im »luftleeren Raum«? Kann das Verhältnis zur »Kirche« ein rein negatives sein? Inwiefern bedeutet unsere Platzanweisung nicht auch eine Aufgabe?

- Es gilt, das Gesetz des Weizenkorns (Joh 12,24) in Erinnerung zu rufen: Da, wo Christen sich selbst und ihrer Gemeinschaft leben und Konflikte scheuen, die ihre Kraft verzehren, steht ein solches Verhalten gerade nicht unter der Verheißung der Frucht.

- Es gibt auch missionstaktische Gründe, die für einen Verbleib unter dem Dach der Volkskirche sprechen: Die breite Öffentlichkeit vermag nicht zu unterscheiden zwischen Freikirchen und Sekten. Bei aller Kritik an den Großinstitutionen haben diese nicht den Ruf fanatischer Religiosität. Freikirchen wissen ein Lied davon zu singen, mit den »Zeugen Jehovas«, »den Neuapostolischen« oder mit Jugendsekten in einen Topf geworfen zu werden. Nicht ohne Grund suchen sie auch dann oft das gemeinsame Dach der »Evangelischen(!) Allianz«, das ihnen ein Stück öffentlicher Seriosität verleiht. Vielen, die bisher wie selbstverständlich im Windschatten der Volkskirche gesegelt sind, wird über dem Gegenwind, der sie außerhalb des (noch vorhandenen) Schutzraumes der Kirche trifft, erst klar werden, was sie ohne Not preisgegeben haben. Die Distanz, die man durch einen Austritt und durch eine Separation von der Evangelischen Kirche schafft, ist ein ungeheures Hindernis für das Evangelium – mindestens in den Gebieten der BRD, die noch kirchlich geprägt sind. Wer eine solche Distanz und ein solches Hindernis für missionarische Reichweite ohne Not schafft, handelt missionarisch unverantwortlich. Aus diesen Gründen sind auch solche faktischen Überlegungen nicht ungeistlicher Natur, sondern gehorchen der Weisung Jesu, klug zu sein wie die Schlangen.

Voraussetzung IV:
Wir entdecken neu, was es heißt, evangelisch zu sein.

- Es gilt, evangelisches Bewußtsein zu fördern oder vielfach vielleicht erst wieder zu schaffen. Es muß einsichtig und nachvollziehbar werden, ja neu überzeugen, warum »evangelisch« sein nicht nur eine dumpfe, traditionelle, im Grunde überflüssige und überholte Bindung an eine ungeliebte Institution bedeutet. Es muß für uns neu deutlich und nachvollziehbar, ja zum Programm werden, *evangelisch zu sein*. Es muß neu deutlich werden, warum wir aus theologischen Gründen die Verbindung mit den Kirchen der Reformation und ihrer Wieder-Entdeckung zentraler biblischer Aussagen nicht „mir nichts, dir nichts" hinter uns lassen können und dies auch nicht wollen. Was heißt denn das: aus Gnade, allein aus Gnade leben? Was bedeutet es für das eigene Leben wie für das Zusammenleben mit Christen wie Nichtchristen, aus einem geschenkten Leben zu leben? Wie sieht so ein Leben aus der Gnade aus? Wie lebt ein Mensch, dem seine Schuld vergeben ist und wird? Kommt hier nicht die letzte Sehnsucht des Menschen nach *Befreiung aus Schuldzusammenhängen* und zu einem neuen Leben ans Ziel?

  Was bedeutet es, für die eigene Identität und Würde, für das eigene Ansehen und den Wert der eigenen Person *nicht mehr selbst* gerade stehen zu müssen? Was bedeutet es, daß Gott sich uns allein und unüberbietbar in der Person des *Jesus* von Nazareth geoffenbart und in ihm sein Angesicht gezeigt hat? Welche universale Sehnsucht nach Geborgenheit und nach dem Offenbarwerden des großen Du geht hier in Erfüllung? Was bedeutet es, daß Christen in der *Heiligen Schrift* vor den Zeugnissen dieser Offenbarung Gottes stehen, daß Gott hier seinen Willen persönlich und für alle Zeiten dokumentiert hat? Welche Sehnsucht nach heilvoller, zurechthelfender Orientierung geht hier in Erfüllung? Was bedeutet es, wenn Menschen – auch religiöse Menschen – *sich* hier *nicht mehr selbst überlassen, ja ausgeliefert* sind: ihrem Wollen und Ahnen, ihren

Gefühlen und Ängsten, ihren notvollen Vermutungen und falschen Gewißheiten?

Allein aus Gnaden, allein durch den Glauben, allein Christus und allein die Heilige Schrift – das ist im besten Sinne evangelisch. Wer das lebt, lebt evangelisch, evangeliumsgemäß, lebt missionarisch, als Brief Christi (2 Kor 3,2f). Dazu bedarf es der Rückbindung an die biblisch-reformatorischen Traditionen. Und was gibt es hier zu lernen und zu entdecken, angefangen vom Schatz des Evangelischen Kirchengesangbuches über die ungeheure Fülle kirchengeschichtlicher Literatur bis hin zu auch gegenwärtig erarbeiteter und so hilfreicher biblisch-reformatorischer Theologie und Predigt!

Voraussetzung V:
Freiheit für evangelische Provokationen

Wir können in dieser Volkskirche nur bleiben und wir werden unseren Verbleib in ihr nur dann rechtfertigen können, wenn wir verdeutlichen: *Wir sind die Kirche*! Das, was *evangelische Kirche* ihrem Wesen und Anliegen nach ausmacht, dafür stehen wir, und das ist der Anspruch, an dem wir selbst als Gemeinschaftsbewegung gemessen werden wollen. Wir erheben diesen Anspruch nicht exklusiv nur für uns. Wir freuen uns vielmehr über alle, die mit uns das Evangelium als Fundament und Norm wie gestaltgebendes Ziel unserer Kirche vertreten, für seine Profilierung eintreten und dann ggf. auch das – kritische – Gespräch suchen.

Der einzig sinnvolle Ort der Gemeinschaftsbewegung ist – bis auf weiteres – die evangelische Kirche, weil der landeskirchliche Pietismus nicht irgendwelche frömmigkeitsgeschichtliche oder theologische, eben pietistische »Sonderpfündlein« vertritt, sondern das Erbe biblisch-reformatorischer Theologie für die Gegenwart aktualisiert und für die Zukunft innerhalb der evangelischen Landeskirche profilieren will.

Wir sind nicht »die Pietisten« in der Landeskirche, sondern evangelische Christen, die beanspruchen, in ihr das biblisch-reformatorische Erbe zu vertreten und immer neu zu profilieren. Das gilt vor allem für das *solus Christus* (Christus allein) im Gespräch mit den Weltreligionen, für das *sola gratia* (allein aus Gnaden), mit der wir das Kreuz als Mitte des christlichen Glaubens festhalten, für das *sola fide* (allein durch den Glauben), mit der wir einer gedankenlosen Taufpraxis wehren und die Notwendigkeit des persönlichen Glaubens betonen, und schließlich für das *sola scriptura* (allein die Heilige Schrift), mit der wir einschärfen, daß es für eine *evangelische Kirche* neben der Bibel keine anderen normativen Quellen für Lehre und Leben geben kann.

In den Binnenbereich Gnadaus hinein wie gegenüber den kirchenleitenden Instanzen ist deutlich zu machen, daß wir nicht einen pietistischen Standpunkt vertreten, sondern einen spezifisch evangelischen beanspruchen! Wir können und wollen in dieser Kirche nicht bleiben als »Pietisten«, »Evangelikale« usw., denen am Rande noch ein Existenzrecht zugestanden wird. Unser Mit-Leben in dieser dem Anspruch nach *evangelischen* Kirche hat nur Sinn, wenn wir uns als evangelische Christen verstehen, die das evangelische Profil dieser Kirche stärken und um seine Verdeutlichung kämpfen wollen. Dazu gehört heute mehr denn je das Ringen darum, daß man um die evangelische Position ringen darf, ja muß; daß »evangelisch« sein eben nicht heißt, daß Kirche auf einen definierten Standpunkt verzichtet; daß Rechtfertigung als *articulus cadentis et stantis ecclesiae* (als Glaubensartikel, mit dem die Kirche steht und fällt) eben nicht Rechtfertigung von allem und jedem bedeutet, also kein Formalprinzip, sondern ein Materialprinzip: ein inhaltlicher Grundsatz, der bedeutet, daß es Rechtfertigung nur gibt als Rechtfertigung des Gottlosen, der umkehrt, vom Retter der Welt neue Lebensmöglichkeiten empfängt und dem Herrn der Welt und seinem Willen sein Leben in allen seinen Bezügen und Dimensionen ausliefert. Bei allen Unterschieden im Detail und bei allen Auslegungsfragen stellen uns die biblischen Offenbarungszeugnisse hier in ihrer Gesamtheit vor erstaunlich klare, definitive und normative Befunde. Das mindestens meinen wir, wenn wir *sola scriptura* und das heißt immer auch *tota scriptura* (die *ganze* Schrift) sagen. Das heißt im Ganzen: Der Pietismus wird in Zukunft eher noch ein unbequemerer Partner für die Kirchenleitungen sein. Er wird aber ein konstruktiver, zum Bestand der Landeskirchen beitragender Partner insofern sein, als er bereit ist, Gesamtverantwortung für diese Kirche, für ihre Lehre und ihre Gestalt mitzutragen. Er braucht für diesen Dienst an der Kirche freilich eine neue, den veränderten Gegebenheiten entsprechende und ihnen Rechnung tragende Gestalt. Damit bin ich bei der zweiten Bedingung.

Voraussetzung VI:
Freiraum für „Kirchengemeinden alternativen Typs"

Gerade die jüngeren und aktiven, nachwachsenden und zukunftsträchtigen Gemeinden werden wir nur gewinnen können, wenn wir die Möglichkeit schaffen, daß sich Gemeinschaften bei Bedarf als *Kirchengemeinden alternativen* Typs[21] *(KaT.s)* etablieren können. Wir brauchen »KaT.s«. Das heißt vor allem Folgendes:

- Kirchengemeinden alternativen Typs wählen und berufen ihre Hauptamtlichen selber. Mit den Kirchenleitungen wird abgestimmt, welche Absolventen welcher theologischen Seminare neben den Abgängern der theologischen Fakultäten oder kirchlichen Hochschulen grundsätzlich für diesen Dienst in Frage kommen. – Für die Gemeinschaftsbewegung als Laienbewegung stellt sich hier die Frage, welchen Typ Hauptamtlichen sie wollen und ob es reicht, ja richtig sein kann, Pfarrer en miniature auszubilden.

- Solche Kirchengemeinden alternativen Typs sind Personalgemeinden mit allen Lebensäußerungen von Gemeinde Jesu Christi, d.h. incl. der selbständigen Ausübung von Kasualien

[21] Hier nehme ich einen Begriff von Hanspeter Wolfsberger, dem Direktor der Liebenzeller Mission, auf.

und selbständiger Sakramentsverwaltung. Die Leitungen der Gemeinschaftsverbände benennen den Kirchenleitungen die Personen, die sie mit der Durchführung von Taufe, Abendmahl und der Durchführung der Kasualien beauftragt haben. Sie gewährleisten eine Zurüstung der Hauptamtlichen zu diesen kirchlichen Handlungen, die in Verbindung mit den jeweiligen Kirchenleitungen wahrgenommen wird. Einheitliche liturgische Rahmenvorgaben werden nicht als Einengung empfunden, sondern als Ausdruck der Verbundenheit mit der kirchlich-reformatorischen Ausrichtung evang. Kirchen verstanden.

- Es handelt sich bei diesen KaT.s um überparochiale, regionale Mittelpunktgemeinden, die vor allem auf dem Land notwendig sind. Während Gemeinschaftsleute in den Städten viel eher parochial verfaßte Kirchengemeinden finden, die ihr Vertrauen besitzen, ist erfahrungsgemäß die Not auf dem Land oft viel größer. Hier braucht es Personalgemeinden mit einer missionarisch-erwecklichen Ausstrahlung in das Umland hinein, die Christen mit einem Interesse an biblisch-reformatorischer Verkündigung und einem erwecklich-diakonischen Leben sammeln und eine verbindliche geistliche Heimat geben können.

- Da die Erfahrung zeigt, daß Parochiegrenzen immer weniger beachtet werden, gebietet es einerseits die Redlichkeit und andererseits die Einsicht in die Notwendigkeit verbindlichen gemeindlichen Lebens, die Möglichkeit der Umparochierung bzw. Ummeldung von einer parochialen Kirchengemeinde in eine Kirchengemeinde alternativen Typs zu geben bzw. zu erleichtern. Die Bereitschaft, Möglichkeiten zur Umparochierung in Personalgemeinden zu schaffen, könnte ein Gradmesser dafür sein, wie ernst die jeweilige Kirchenleitung Gemeinschaften als Gemeinden, KaT.s, wirklich nimmt. Wer an dieser Stelle zögert und eine Situation fördert bzw. stabilisiert, in der Christen zwar *hier* leben, aber *dort* Mitglied sind, fördert einen verhängnisvollen ekklesiologischen Doketismus (d.h. den Anschein einer kirchlichen Einbindung, wo in Wirklichkeit keine gegeben ist). Wo theoretische Mitgliedschaft und praktisches Leben so auseinanderfallen, wird letztlich weder das eine noch das andere ernstgenommen; da besteht darum auch die Gefahr, daß weder das eine noch das andere zu seinem Recht kommt.

Ein erster Schritt könnte eine doppelte Mitgliedschaft sein: einerseits in der angestammten Parochie, andererseits in der KaT, die zur Heimat geworden ist.[22] Eine Vereinfachung der Ummeldung würde aber sowohl ein ungeschminkteres Bild kirchlichen Lebens oder auch »Dahinsiechens« erlauben, als auch – was mir persönlich wichtiger zu sein scheint – ein vagabundierendes Besuchsverhalten von Christen im Sinne postmoderner Unverbindlichkeit reduzieren helfen, die schließlich nirgendwo richtig zu Hause sind.

- Es gehört zu den Selbstverständlichkeiten einer an neutestamentlich-reformatorischen Kriterien orientierten Gemeindestruktur und -organisation, daß KaT.s visitiert werden, also einer geistlichen Dienstaufsicht unterliegen. Diese wird für die organisatorisch selbständigen Personalgemeinden freilich nicht auf Dekanatsebene vorgenommen, sondern von den Leitungen der Gemeinschaftsverbände wahrgenommen. Die Leitung des jeweiligen Gemeinschaftsverbandes übernimmmt gegenüber der Leitung der jeweiligen Landeskirche die Verantwortung dafür, daß Wortverkündigung, Sakramentsverwaltung (Taufe, Abendmahl), Amtshandlungen (Bestattungen, Trauungen) und gegebenenfalls auch kirchlicher Unterricht mit den Ordnungen des Gemeinschaftsverbandes, der Bekenntnisgrundlage der Kirche und den jeweiligen Vereinbarungen zwischen Landeskirche und Gemeinschaftsverband übereinstimmen.[23]

[22] Vgl. die »Erklärung zum Miteinander der Evangelischen Kirche in Berlin-Brandenburg und des Gemeinschaftswerkes Berlin-Brandenburg« vom 3. Februar 1994, S.4.

[23] Vgl. exemplarisch §10 der »Vereinbarung zwischen der Evangelischen Kirche in Hessen und Nassau und den in ihrem Bereich tätigen Gemeinschaftsverbänden, die zum Evangelischen Gnadauer Gemeinschaftsverband e.V. gehören«.

- Um des Mit- und nicht bloß Nebeneinanders von parochialen Kirchengemeinden und KaT.s willen sowie als Ausdruck der Verbundenheit haben letztere Sitz und Stimme in der Bezirkssynode. Ihre Repräsentanten sind qua Amt in den Landessynoden vertreten.

- Nachdem inzwischen eine Reihe von Vereinbarungen zwischen evang. Landeskirchen und Gemeinschaftsverbänden[24] zwar die Regelmitgliedschaft definiert, nicht aber festschreibt, daß alle Mitglieder einer Gemeinde auch zur evang. Kirche gehören müssen, ist auch die sogenannte Mitgliedschaft bzw. Taufe Konfessionsloser von KaT.s kein unüberwindbares Problem. Die vorliegenden Regelungen können vielmehr als Vorlagen für weitere solche Vereinbarungen dienen.

Das angesprochene Problem hat mehrere Dimensionen. Zunächst ist die Möglichkeit der Mitgliedschaft und Taufe (nicht Wieder-Taufe!) Konfessionsloser ein *praktisches* Erfordernis. Die Gemeinschaften können auf die Taufe und Gliedschaft von Konfessionslosen kaum verzichten. Es sind gerade die aktiven und wachsenden, lebendigen Gemeinschaften, in denen Menschen zum christlichen Glauben finden, die oft nicht einer evangelischen Kirche angehört haben oder aber zu ihr gehört haben, dann aber ausgetreten sind und nun nicht wissen, warum sie wieder eintreten sollen. Verweigert eine Gemeinschaft grundsätzlich die Taufe Konfessionsloser bzw. ihre Mitgliedschaft, dann stellt sie damit heute ihr eigenes Überleben in Frage. Viele gerade der engagiertesten unter ihren Besuchern werden dann weiter fragen, warum sie sich nicht direkt einer Freikirche anschließen sollen, die ihnen problemlos den »full service« bietet. Notwendige Bedingung für den Verbleib wenigstens eines Teiles der Verbände Gnadaus und ihrer Gemeinschaften ist ein Freiraum, der es den einzelnen Gemein-

[24] Vgl. ebd., §2,1; vgl. ebenso die Satzung des Evangelischen Vereins Nord-Ost für Evangelisation und Gemeinschaftspflege e.V. aus dem Jahre 1990, §5, 1b.

schaften erlaubt, auf ihre spezifische Mitgliederkonfiguration Rücksicht zu nehmen.

Theologisch ist die sogenannte Taufe und entsprechend die sogenannte Mitgliedschaft »Konfessionsloser« ein Widerspruch in sich. Taufe geschieht nach dem Neuen Testament immer *in* eine konkrete, benennbare, etwa lokalisierbare Gemeinde hinein, nie abstrakt in den Leib Christi als solchen. Taufe geschieht zwar auf den Namen Jesus, und sie macht per se zum Glied am Leib Christi. Aber dieser Leib Christi hat immer eine konkrete Gestalt. Darum ist gerade die Taufe auf den Namen Jesus und im Namen des Dreieinigen immer eine Taufe in eine konkrete, anschauliche, empirische Gestalt von Kirche. Ohne Teilnahme an dieser Gestalt gibt es keine Teilhabe an Gemeinde als Leib Christi. Der Leib Jesu ist nicht etwas, was jenseits, sondern etwas, was nur in den konkreten Versammlungen *(ecclesiais)* existiert. Darum ist Taufe nie Taufe eines konfessionslos Bleibenden, sondern – wenn sie verantwortlich gehandhabt wird – immer Taufe in eine bestimmte Konfession bzw. demoninationelle Gestalt hinein. Nur so kann ja letzten Endes auch die für das neutestamentliche Gemeindebild wesentliche gegenseitige Korrektur bis hin zur Gemeindezucht inclusive der Möglichkeit eines Ausschlusses aus der Gemeinde (welcher?!) realisiert werden. Insofern ist der Name Jesus – in diesem Sinne – keine Konfession, die konkrete Konfessionen/Kirchentümer/Institutionen überflüssig machte und die Möglichkeit böte, sie einfach mit dem Hinweis zu überspringen, man sei ja auf den Namen Jesus getauft; eine weitere/andere Konfession brauche es nicht mehr. Der Name Jesus ist theologisch adäquat formuliert, nicht die Konfession, wohl aber das Bekenntnis, das alle konkreten Konfessionen verbindet und ausrichtet.

Wenn es also eine abstrakte Taufe, losgelöst von den irdischen, immer konkreten Existenzbedingungen des Leibes Jesu Christi in einer konkreten Gemeinde nicht gibt, dann begründet Taufe immer eine konkrete Kirchenmitgliedschaft. Wenn nun ein von einer Gemeinde Autorisierter eine Taufe vornimmt, die definitiv nicht zur Gliedschaft in einer evangelischen Kirche führt, dann ist der Schluß logisch zwingend, daß solche Taufen einen kirchengründenden Akt bedeuten, mit dem sich Gemeinschaften als Gemeinden etablieren. In dem Moment, wo sie taufen, diese Taufe aber nicht mehr auf der Basis eines Dimissoriale (einer kirchlichen Delegation und Beauftragung) vollzogen wird, geschieht sie auf eigene Verantwortung; ist sie nur zu verantworten, ja ist sie nur Taufe, wo die Taufenden sich als Delegierte und Beauftragte einer Gemeinde im theologischen Vollsinn verstehen. Da diese Gemeinde nicht eine evangelische Kirchengemeinde sein kann/soll, bleibt als Voraussetzung einer theologisch verantwortbaren Taufe und Mitgliedschaft nur das Selbstverständnis einer Gemeinschaft als Gemeinde.

Wenn Taufe nicht in die evangelische Kirche hinein geschieht, dann geschieht sie in eine andere Kirche hinein. Das kann nur die sich als Gemeinde verstehende und verhaltende Gemeinschaft sein. Gemeinschaften, die nicht stellvertretend im Auftrag taufen, konstituieren sich durch den Taufakt als Gemeinden im Vollsinn des Wortes. Nur dann, wenn in aller Klarheit gesehen und formuliert ist, was die Aufnahme neuer Christen, die keine Glieder der evangelischen Kirche sind, theologisch für den Status der Gemeinschaften als Gemeinden beinhaltet, kann ein solcher Schritt auch verantwortet werden.

Dennoch muß eine solche Taufe bzw. Mitgliedschaft nicht trennend wirken! Sie sind vielmehr für eine Gemeinschaft bzw. einen Gemeinschaftsverband verantwortbar, wenn sich die KaT als *ecclesiola in ecclesia* (als »Kirchlein in der Kirche«) versteht. Ihre Glieder sind dann zwar nicht in jedem Fall selber und persönlich Glieder der evangelischen Kirche; aber sie gehören einer Gemeinde an, die sich selber als konstitutiv evangelisch versteht. Wenn sie dies auch gegenüber ihren nicht konfessionell evangelischen Gliedern mit Nachdruck betont, wenn sie evangelisches Profil lebt und den Sinn ihrer evangelischen

Identität profiliert, dann kann die Gemeinschaft als KaT auch für ihre »konfessionslosen« Glieder noch zur Brücke hin zu einer Mitgliedschaft in eine der evangelischen Landeskirchen werden. Ganz grundsätzlich gilt ja, daß Gemeinschaften als solche, selbst Kirchengemeinden alternativen Typs in der Evangelischen Kirche ein Auffangbecken für Austrittswillige sein können, die womöglich sonst der Volkskirche ganz den Abschied gegeben hätten. Das bedeutet, daß dieses Modell auch und gerade für Kirchenleitungen interessant ist, die ein Interesse an der Stabilisierung der Mitgliedschaft möglichst vieler Austrittswilliger haben.[25]

Als ecclesiola in ecclesia versteht sich eine KaT im Raum und Rahmen einer evangelischen Kirche also dadurch,

- daß die Gemeinschaft bzw. der Gemeinschaftsverband, nicht aber jedes einzelne Mitglied sich als evangelisch begreift;
- daß Hauptverantwortliche der Gemeinschaften und ihrer Leitungen aus Überzeugung evangelisch sind;
- daß die Gemeinschaften sich an kirchlichen Ordnungen, auch und gerade im Bereich der Liturgie, orientieren und
- daß sie zur Förderung ihrer kirchlich-reformatorischen Identität an sich und andere ganz neu die Frage stellen: Was ist evangelisch?

[25] KaT.s benötigen eine eigene Rechtsform, die sich etwa am Vorbild der Frankfurter Nord-Ost-Gemeinde orientieren könnte. Diese Personalgemeinde ist einerseits Teil der evangelischen Landeskirche, die auch den Geistlichen / Pfarrer besoldet; sie besteht andererseits aus einem Verein, in dem eine Mitgliedschaft auch für solche möglich ist, die nicht Glied der Evangelischen Kirche werden wollen. Vereinsmitglieder zahlen ihre Beiträge als Spenden an diesen Verein und kommen umgekehrt in den vollen Genuß aller Kasualien des evangelischen Geistlichen. Hier ist eine Rechtskonstruktion gefunden, die einerseits die Zugehörigkeit dieser Gemeinde zur Evangelischen Kirche ausweist, die andererseits niemanden ausschließt, der sich zu dieser Gemeinde halten will, aber nicht oder noch nicht bereit ist, in die Evangelische Kirche einzutreten.

Auch wenn einzelne ihrer Mitglieder nicht der evangelischen Kirche angehören, so ist dann doch die KaT als solche Teil einer evangelischen Landeskirche, und über sie sind es letztlich auch alle ihre Glieder. Diese angesichts der genannten Herausforderungen seelsorgerlich zu verantwortende Konstruktion wird auch theologisch umso legitimer erscheinen, je mehr evangelische Kirche das Augsburgische Bekenntnis Art. VII[26] als Kriterium ernstnimmt und dann wahrnehmen muß, daß es in ihrer Mitte hier und dort und vielleicht auch häufiger Kirchengebäude gibt, in denen zwar noch Getaufte zusammenkommen, in denen sich aber Kirche im theologischen Sinn, gemessen an der Verkündigung, nicht mehr ereignet. Theologisch wird man dann immerhin und mindestens fragen dürfen, was denn Kirchenleitungen mehr belasten und bewegen muß: geistliches Leben von Christen, die innerhalb der evangelischen Landeskirche leben, freilich nur im Kirchenbuch der KaT stehen, eine direkte Mitgliedschaft in ihr aber verweigern, oder aber sogenannte Christen in Halbdistanz, auch treue Kirchenferne genannt, die sich heute trauen oder ihr Kind taufen lassen, dafür morgen aus der Kirche austreten, sich bei alledem aber kirchenrechtlich völlig korrekt verhalten. Kirchenleitungen, die nicht Mücken seihen, aber Kamele schlucken wollen (Mt 23,24), werden sich darum auch über solche Mitglieder von Gemeinschaften als KaT.s freuen können, die mit Ernst Christen sein sollen, – selbst wenn diese (– noch? –) nicht einer Kirche der Reformation angehören wollen.

Nachdem nicht nur in den Städten, sondern bereits auch auf dem Land das traditionelle, parochiale System seine Bindekraft eingebüßt hat, längst durchlöchert ist und an vielen Stellen faktisch

[26]Der siebte Artikel der AUGSBURGISCHEN KONFESSION (Confessio Augustana (=CA)) lautet in seiner deutschen, mit der lateinischen gleichursprünglichen Fassung: »Es wird auch gelehret, daß alle Zeit musse eine heilige christliche Kirche sein und bleiben, welche ist die Versammlung aller Glaubigen, bei welchen das Evangelium rein gepredigt (evangelium pure decetur) und die heiligen Sacrament lauts des Evangelii gereicht werden (recte administrantur sacramenta).« (BSLK, 61)

schon Richtungsgemeinden entstanden sind, die sich an eine bestimmte Person oder an ein klar definiertes theologisches Anliegen ankristallisieren, ist es offenkundig, daß das parochiale System zwar nicht ersetzt, aber ergänzt werden muß. Wer entsprechende kirchenrechtliche Konsequenzen fordert, etabliert nicht etwa eine neue Gestalt von Kirche, sondern vollzieht nur nach, was längst in vielen Gegenden unserer und anderer Landeskirchen gang und gäbe ist. Ziel muß die theoretische Legitimation dessen sein, was längst Fakt ist und was sich nur zum Schaden der evangelischen Kirche wie der betroffenen Gemeinschaften verselbständigen wird, wenn es nicht zu einer Wahrnehmung und Gestaltung der längst begonnenen Entwicklung von Gemeinschaften zu Gemeinden kommt.

Voraussetzung VII: Finanzielle Selbstbestimmung und Mitwirkung

Von immer noch erheblicher, wenn auch nicht ausschlaggebender Bedeutung ist die Frage finanzieller Selbstbestimmung und Mitwirkung. Es würde sehr helfen und manchen Unmut gegenüber einem anonymen, nicht überschaubaren und wenig kontrollierbaren Finanzgebaren einer Großinstitution nehmen, wenn eine KaT als organisatorisch selbständige Personalgemeinde innerhalb der jeweiligen evangelischen Landeskirche folgende Kennzeichen aufweisen würde:

1. Finanzielle Selbständigkeit: Die KaT kommt für ihre Ausgaben selbst auf und ist auch verantwortlich für das Gehalt der von ihr Angestellten.

2. Sie erhält Kirchensteuerzuweisungen, die sich an den Gehaltszahlungen der evangelische Kirche für kirchliche Mitarbeiter und an der Pfarrer-Besoldung orientieren. Alternativ oder additiv besteht die Möglichkeit, Spenden für die KaT – bis zu einer zu definierenden Höhe – auf die Kirchensteuerzahlungen der Mitglieder der KaT anzurechnen.

3. Theologisch wichtig ist eine Realisierung des Prinzips der Gegenseitigkeit, die die geistliche Verbundenheit und Zugehörigkeit der KaT zum großen und ganzen der evangelische Kirche umsetzt und eine konkrete Gestalt gibt. Wie die KaT Zuwendungen von der Landeskirche empfängt, mit denen sie mindestens einen Teil der ihr entstehenden Gehaltskosten abdeckt, so beteiligt sie sich umgekehrt durch Spenden und einschlägige (missionarische, evangelistische oder diakonische) Projekte an den Gesamtaufgaben und -ausgaben der Kirche.

Für alle finanziellen Regelungen ist einerseits im Blick zu behalten, daß die traditionelle Unabhängigkeit Gnadaus und seiner Verbände (wie Werke) durch eine solche Zuweisung bzw. Anrechnung nicht eingeschränkt oder beschnitten wird. Andererseits ist daran zu erinnern, daß gerade ein solches Verfahren den Unmut vieler reduzieren könnte, die ihre Kirchensteuern mindestens zum Teil zweckentfremdet verwendet sehen.

Wenn die genannten Gründe akzeptiert und die formulierten Voraussetzungen für ein Zusammenbleiben von Gemeinschaften und evangelischen Kirchen erfüllt werden, – dann besteht eine ernsthafte Chance, daß zusammenlebt und zusammenbleibt, was nur zum Schaden beider Seiten auseinanderfallen kann.

IV. Der Ernstfall - ein ebenso unangenehmes wie unumgängliches Schlußwort

Und was ist, wenn der Ernstfall eintritt? Was sollen wir tun, wenn es zum status confessionis kommt; wenn also das Bekenntnis der Kirche gefährdet ist?

Alle vorangegangenen Überlegungen gehen davon aus, daß auch die Volkskirche insofern eine geistliche Größe ist, als sie sich ein Bekenntnis gegeben und an ihre Bekenntnisgrundlage gebunden hat. Bei diesem Bekenntnis kann man und muß man die empirische, die irrende, die fehlgehende, die Kirche der Sünder und Unwissenden behaften. Was aber ist, wenn die Kirche, konkret eine evangelische Landeskirche diese Bekenntnisgrundlage verläßt - etwa, indem sie ihr Bekenntnis selbst verändert oder bindende Beschlüsse faßt, die in offenbarem Gegensatz zum Zeugnis der Heiligen Schrift stehen?

So hat es zwar in der Vergangenheit in der Gemeinde Jesu Christi immer Leugnung der wirklichen Auferstehung Jesu Christi gegeben oder Kritik an der Jungfrauengeburt, Zweifel am Jüngsten Gericht etc. – bis in die Kreise der Hauptamtlichen und Verantwortlichen der Kirche hinein. Aber – und dies »aber« ist entscheidend – aber die Bekenntnisse sagten anderes, und bezogen auf sie konnte falsche Lehre auch beim Namen genannt und zur Not bekämpft werden. Hier ist deutlich, wie wichtig diese Bekenntnisgrundlage der Kirche ist. Umgekehrt, wenn sie fällt, wenn sie tangiert wird, dann fällt mit ihr auch das Kirchesein von Kirche; dann ist es zumindest gefährdet. Dann tritt der schlimmste Notstand, der Bekenntnisnotstand, ein. Dann ist die rechte Lehre im Gegenüber zur falschen Lehre, das richtige Bekenntnis im Gegenüber zum verfälschten in der Kirche selbst zu proklamieren. Dann bilden sich faktisch in einer Größe »Kirche« zwei Institutionen, die in der Bekenntnis-Auseinandersetzung, im Bekenntniskampf stehen.

Um der missionarischen Bedeutung der sichtbaren Einheit des Leibes Christi willen wird man versuchen, diesen Zustand so lange wie möglich mit allen legitimen Mitteln zu verhindern. Aber eintreten kann er doch. Und wenn nicht alles täuscht, dann bilden sich am Horizont schon Wolken dieses Unwetters, das relativ bald über uns niedergehen kann. Für diesen Fall sollten wir vorbereitet sein.

Wenn – um ein naheliegendes Beispiel zu nennen – ein Kirchenparlament die Legitimität der Segnung homosexueller Lebensgemeinschaften beschließen sollte, dann wäre das schlicht desaströs und würde in den Bekenntnisfall hineinführen. Nicht etwa deshalb, weil die homosexuelle Orientierung und Praxis als solche das Zentralproblem christlicher Ethik oder gar Theologie darstellt, sondern aus zwei anderen, inzwischen oft genug genannten Gründen:

1. weil hier an einer signifikanten, viel diskutierten Stelle die Bindung an die expliziten, nach einer großen Zahl von Exegeten nicht als bloß zeitbedingt abzutuenden Weisungen der Heiligen Schrift preisgegeben würde. Gerade weil genau diese ethische Frage in den letzten Jahren so intensiv diskutiert worden ist wie kaum eine andere, käme einer entsprechenden Entscheidung Symbolwert zu: für die Überordnung eines postmodernen anything goes über die biblische Anthropologie, ja den geoffenbarten Willen Gottes für den Menschen;

2. weil es sich nicht um die Anweisung einiger weniger oder auch einer Mehrheit in der Kirche handelt – das wäre schlimm genug –, sondern um einen kirchenrechtlich bindenden Beschluß, der die theologischen »Geschäftsbedingungen« einer Kirche verändert, mithin ihre Bekenntnisgrundlage berührt.

Was wäre in einem solchen Fall zu tun? Wäre dann nicht der Kirchenaustritt dran? Ein solches Verhalten wäre ebenso verhängnisvoll, wie es überflüssig wäre! Denn

1. aus der Kirche kann man nicht austreten.

2. Es wäre unverantwortlich, die vielen orientierungslosen »Kirchenmitglieder« hilflos einem falschen Bekenntnis zu überlassen. – Notwendig wäre vielmehr

3. die Proklamation der Bekenntniskirche *in* der vom Bekenntnis abgefallenen Kirche. Nicht wir müssen dann aus dieser Kirche austreten. Denn die, die sich eine theologische Grundlage wider Schrift und Bekenntnis geben, sind ja selber schon aus der Kirche ausgetreten. Notwendig wäre es allein, diesen Sachverhalt deutlich zu machen.

Im Anschluß an vieles, was von anderen vorgedacht worden ist, und ohne anderen vorgreifen zu wollen, könnte ich mir das folgende Verfahren für den Bekenntnis-Fall, von dem wir nun wünschen, daß er nie eintritt, vorstellen:

3.1 Eine Erklärung, daß und warum eine Kirchenleitung die Bekenntnisgrundlage mit Wissen und Willen verlassen hat;

3.2 die *Klärung des Bekenntnisstandes* einer Kirche, die sich an die Heilige Schrift und ihre Bekenntnisse gebunden weiß;

3.3 die Feststellung, daß sie mindestens in der einschlägigen Frage ihre geistliche Autorität und Legitimation verloren hat;

3.4 die Konstitution einer alternativen Kirchenleitung, die die Aufgaben der alten übernimmt;

3.5 die Bildung von Personal- und Richtungs- oder besser Bekenntnisgemeinden;

3.6 die Etablierung einer Bekenntnissynode, die aus Repräsentanten dieser Bekenntnisgemeinden besteht;

3.7 die Proklamation: *allein unser* Bekenntnis stiftet, kennzeichnet und ermöglicht evangelische, evangeliumsgemäße Kirche.

Je entschlossener wir für den Fall eines Bekenntnisfalles vorsorgen und je entschiedener wir zum Ausdruck bringen, daß ein nicht unerheblicher Teil der Landeskirche einer Veränderung der Bekenntnisgrundlage nicht tatenlos zusehen wird, umso größer sind die Chancen, daß dieser Ernstfall, dieser Notfall, dieser Bekenntnisfall nie eintritt. Gott helfe uns!

Erklärung theologischer Fachwörter

ecclesiola in ecclesia: wörtlich: Kirchlein, kleine Kirche in der Kirche (griech. ekklesia).

Ekklesiologie: Lehre von der Kirche.

Häresie: Irrlehre.

heterogen: nicht einheitlich; nicht zu vereinbaren.

Konnex: Verbindung.

LER: Lebenskunde-Ethik-Religion: vor allem in den neuen Bundesländern favorisierte Alternative zum konfessionell verantworteten Pflichtfach »evang./Kath. Religion«.

Pluralismus: Konzeption, die vertritt, daß es nicht nur eine, sondern mehrere Wahrheiten gibt bzw. geben können muß.

sine fide: ohne Glauben.

sola fide: reformatischer Grundsatz Luthers:
Der Mensch wird *allein aus Glauben* gerettet.

status confessionis: Bekenntnis-Fall; Lage, in der sich die bestehende Kirche von der Bindung an Schrift und Bekenntnis gelöst hat und die Bekenntnisgrundlage der Kirche neu erklärt werden muß.

Substitution: Stellvertretung; ein Substitut tritt an die Stelle von etwas anderem.

synergistisch: Bezeichnung für eine Irrlehre, die das Heil durch das Zusammen(syn)-Wirken von Gott und Mensch gewährleistet sieht und damit im Gegensatz steht zum reformatorischen sola gratia: allein durch die Gnade Gottes empfängt der Mensch das Heil.